Grundkurs Overlock

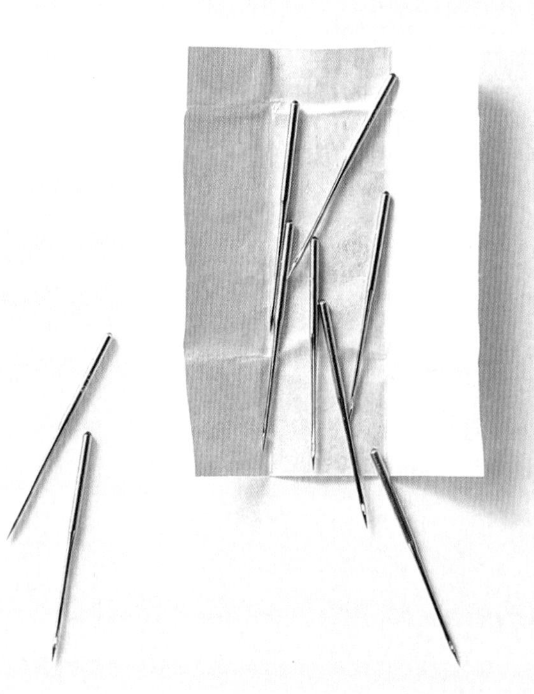

Marie-Émilienne Viollet
Marie-Noëlle Bayard

Basics, Tipps & Übungsprojekte

Fotos von
Richard Boutin

Bassermann

INHALT

WAS KANN DIE OVERLOCK?

DER AUFBAU DER OVERLOCK

GEBRAUCHSANLEITUNG

TIPPS UND TRICKS BEIM NÄHEN

KLEINE PRAKTISCHE ÜBUNGEN

Overlock
Diese Art Nähmaschine wurde ursprünglich für die industrielle Fertigung hergestellt. Sie kann Stretchstoffe verarbeiten und in einem Arbeitsgang Stoffe zusammennähen, beschneiden und versäubern. In der Zwischenzeit sind kleinere Modelle für den Hausgebrauch auf den Markt gekommen, was dazu geführt hat, dass dieser Maschinentyp bekannter und weiter verbreitet ist.

EINFÜHRUNG

Warum eine Overlock kaufen, wenn Sie bereits eine Nähmaschine besitzen und die Kleidung für die ganze Familie sowie alle Heim-Accessoires selber nähen? Vielleicht haben Sie auch noch keine Nähmaschine, möchten aber Ihre eigene Garderobe anfertigen. Ist in diesem Fall die Overlock die Lösung?

Die Antwort auf beide Fragen ist ja, dreimal ja. Denn die Overlock ist eine wunderbare Maschine und einfach zu bedienen (es ist so! Lassen Sie sich nicht von den vielen Rädchen und Knöpfen einschüchtern!) Weil tadellose Ergebnisse für den Kauf sprechen, sollten Sie sich entschließen und in eine Overlock investieren. Mit ihr werden Sie perfekte Säume nähen und alle Stoffe verarbeiten, vom zartesten Chiffon bis hin zu den dicksten Geweben, aber auch elastische und Strickstoffe. Ihre Näharbeiten werden professionell aussehen, da die Overlock den Stoff beim Säumen gleichzeitig zurückschneidet. Sie können mit ihr sogar Rollsäume arbeiten.

Die Handhabung der Overlock erfordert etwas Übung, aber wir erklären im Detail alles, was Sie wissen müssen. Sie folgen einfach Schritt für Schritt den Erläuterungen und bald werden Sie routiniert mit der Overlock umgehen können.

Nach einer ausführlichen Beschreibung der Maschine und all ihrer Funktionen, der kleinen Werkzeuge und deren Verwendung sowie der verschiedenen Nähfüße, die Ihnen zur Verfügung stehen, zeigen wir Ihnen detailliert, wie Sie diese optimal einsetzen.

Sie können nachvollziehen, wie das Einfädeln funktioniert. Außerdem erfahren Sie, wie Sie Ihre Maschine in Betrieb nehmen, die Nadeln austauschen und den Nähfuß für verschiedene Funktionen wechseln. Wir erklären Ihnen die Messereinstellung ebenso wie den Differenzialtransport, der überaus nützlich ist für Kräuseleffekte oder um bei bestimmten Geweben den Stoff einzuhalten.

Schritt für Schritt werden die unterschiedlichen Nähte vorgestellt und die typische Arbeitsweise mit der Overlock demonstriert: Ecken, Rundungen, Falten, Flatlocknaht und Coverstich …

Schließlich finden Sie auf den Seiten 98–99 eine Übersichtstabelle der Stiche, ihrer Verwendungen und entsprechenden Einstellungen sowie der Stoffe und Nähgarne, die benötigt werden, sodass Sie sich während des Nähens jederzeit schnell orientieren können.

Am Ende des Buches finden Sie vier einfache Modelle, um das Gelernte auszuprobieren.

Die Grundlagen sind Ihnen danach bekannt … nun liegt es an Ihnen, Ihre kreativen Ideen umzusetzen, um dann sagen zu können: Ich habe das selbst genäht – mit meiner Overlock!

Marie-Émilienne

WAS LEISTET EINE OVERLOCK?

1. Sie versäubert.
2. Sie näht Stoffteile zusammen.
3. Sie kann einen Rollsaum anfertigen.
4. Und sie schneidet überschüssigen Stoff an der Kante ab!

1. Dank ihrer Messer und den vier Fäden, die in Gebrauch sind, stellt die Overlock eine saubere Fertigstellung sicher und ist für alle Gewebearten einsetzbar.

2. Die Overlock wurde speziell erfunden, um für ein sauberes, professionelles Finish beim Nähen zu sorgen. Sie passt sich allen Geweben an, den feinsten und rutschigen Stoffen ebenso wie den dicken und starren, und sorgt für eine perfekte Verarbeitung.

3. Die Overlock kann mit einer einzigen Naht Stretchgewebe zusammennähen und die Kante versäubern: mit der 4-Faden-Überwendlichnaht. Das ist die einfachste, schnellste und leichteste Art, Kleidung mit elastischen Stoffen anzufertigen. Mit einem perfekten Ergebnis!

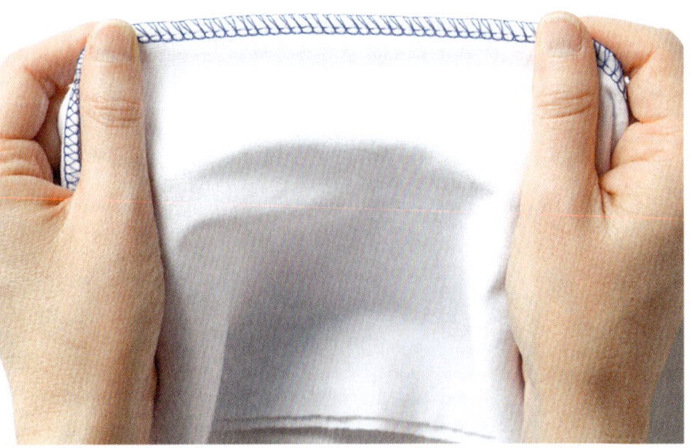

4. Mit ihren vier Fäden bleibt die Naht der Overlock flexibel und passt sich an die Elastizität und die Bewegung von Jersey-Stoffen an. Der Faden reißt nicht.

NÄHMASCHINE UND OVERLOCK IM VERGLEICH: UNTERSCHIEDE

bei Kett- und Schussgeweben

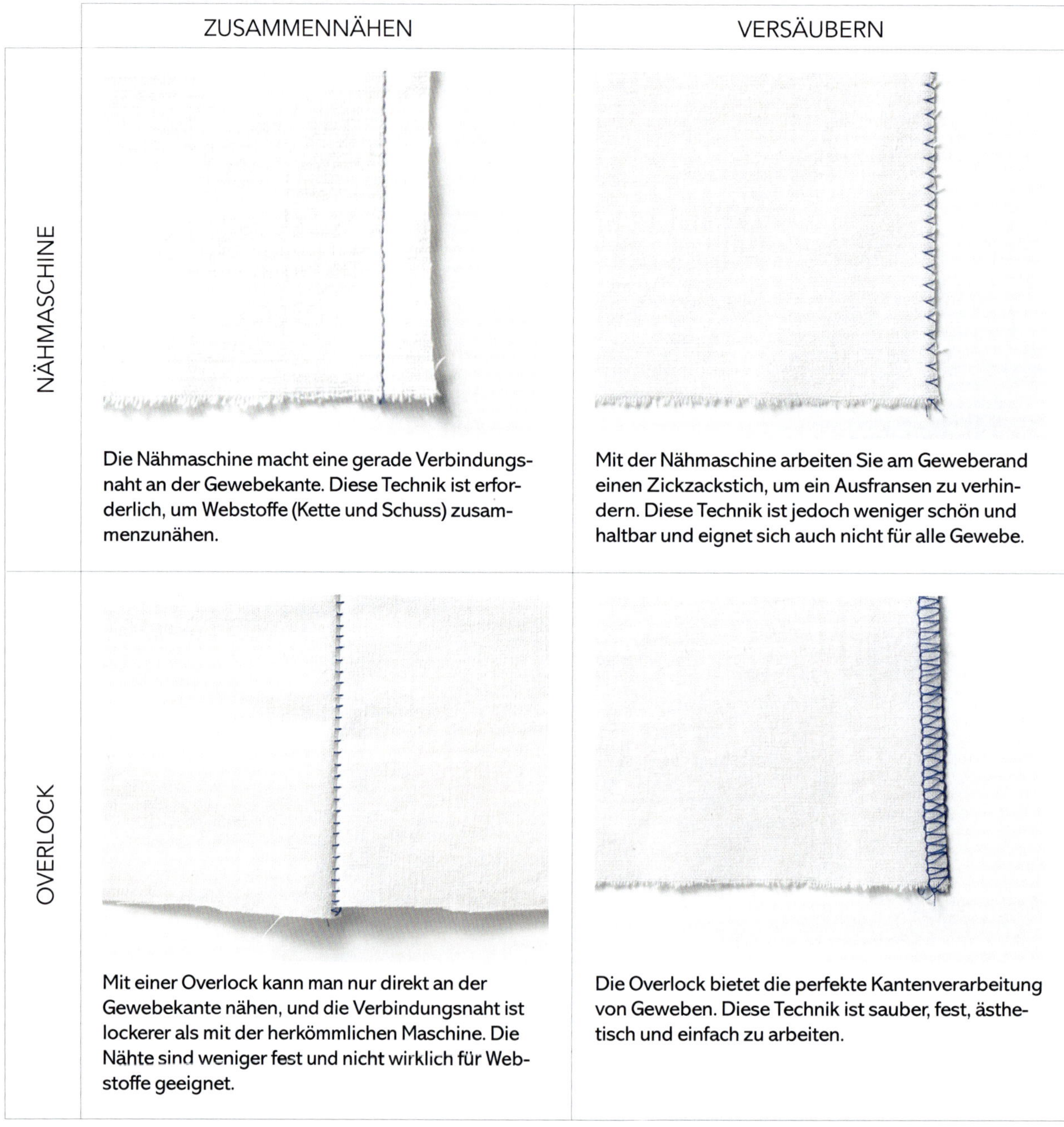

	ZUSAMMENNÄHEN	VERSÄUBERN
NÄHMASCHINE	Die Nähmaschine macht eine gerade Verbindungsnaht an der Gewebekante. Diese Technik ist erforderlich, um Webstoffe (Kette und Schuss) zusammenzunähen.	Mit der Nähmaschine arbeiten Sie am Geweberand einen Zickzackstich, um ein Ausfransen zu verhindern. Diese Technik ist jedoch weniger schön und haltbar und eignet sich auch nicht für alle Gewebe.
OVERLOCK	Mit einer Overlock kann man nur direkt an der Gewebekante nähen, und die Verbindungsnaht ist lockerer als mit der herkömmlichen Maschine. Die Nähte sind weniger fest und nicht wirklich für Webstoffe geeignet.	Die Overlock bietet die perfekte Kantenverarbeitung von Geweben. Diese Technik ist sauber, fest, ästhetisch und einfach zu arbeiten.

NÄHMASCHINE UND OVERLOCK IM VERGLEICH: OPTIMIERUNG

bei Kett- und Schussgeweben

1. Die beste Technik für das Zusammennähen und eine tadellose Versäuberung der Stoffkanten erzielen Sie, indem Sie das Gewebe mit der Nähmaschine im Geradstich zusammennähen und dann die Kanten mit der Overlock in der 3-Faden-Überwendlichnaht versäubern.

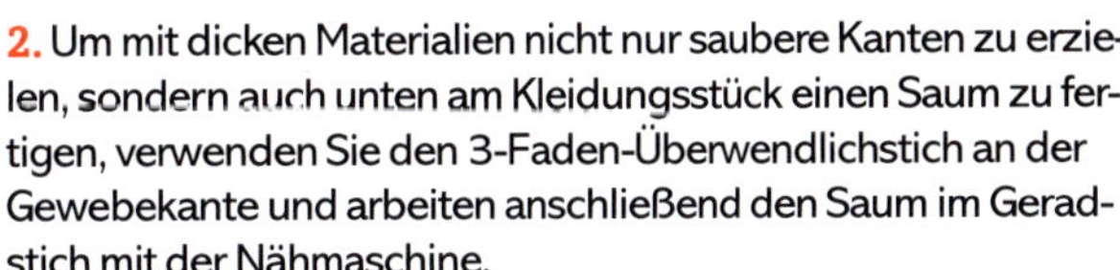

2. Um mit dicken Materialien nicht nur saubere Kanten zu erzielen, sondern auch unten am Kleidungsstück einen Saum zu fertigen, verwenden Sie den 3-Faden-Überwendlichstich an der Gewebekante und arbeiten anschließend den Saum im Geradstich mit der Nähmaschine.

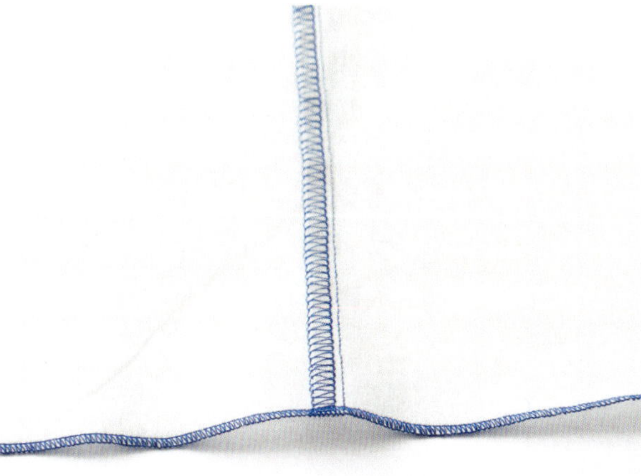

3. Sobald Sie Ihre Stoffteile an der Nähmaschine zusammengenäht haben, können Sie mit der Overlock über der unversäuberten Gewebekante einen Rollsaum arbeiten und haben einen schönen Abschluss.

NÄHMASCHINE UND OVERLOCK: UNTERSCHIEDE UND OPTIMIERUNG

bei elastische Stoffen und Stretchgeweben

1. Das Zusammennähen von elastischen Stoffen an der Nähmaschine erfordert eine spezielle Nadel. Sie ist zerbrechlich, und die Gefahr, dass der Faden reißt, ist groß. Mit einer traditionellen Nähmaschine kann man nicht die Kanten versäubern, um das Ausfransen zu verhindern. Die Nähmaschine ist für diese Art Gewebe nicht geeignet.

2. Das Zusammennähen von Jersey-Stoffen und die Versäuberung der Stoffkanten bestehen mit der Overlock aus einer einzigen Naht: der 4-Faden-Überwendlichnaht oder Überwendlichstich. Diese Technik bewahrt die Elastizität des Gewebes und erzeugt feste Nähte sowie ein sauberes Finish.

3. Die Overlock näht nur direkt an der Gewebekante. Für gerade Nähte, die weiter entfernt von der Stoffkante liegen, etwa um einen Saum zu nähen, ist die Nähmaschine zu empfehlen.

4. Die Overlock ist die ideale Maschine zum Nähen von Jersey-Kleidung.

PFAFF
hobbylock 2.5

DER AUFBAU
14
25
DER OVERLOCK

1. **Ausfahrbarer Garnständer**
   um das Verheddern der Fäden zu verhindern
2. Automatisches **Spannungswählrad**
3. **Stichlängenrad**
4. **Handrad**
   zum manuellen Einstellen der Nadelposition
5. **Hebel für die Feinabstimmung der Nadelfadenspannung**
   für die einzelnen Fäden
6. **Rollenhalter**
7. **Stromzufuhranschluss, Haupt- und Lichtschalter**
8. **Fußanlasser**
   je mehr Druck durch den Fuß erzeugt wird, umso schneller näht die Maschine
9. **Schematische Darstellung des Einfädelns**
   sie zeigt den Fadenlauf in der Maschine

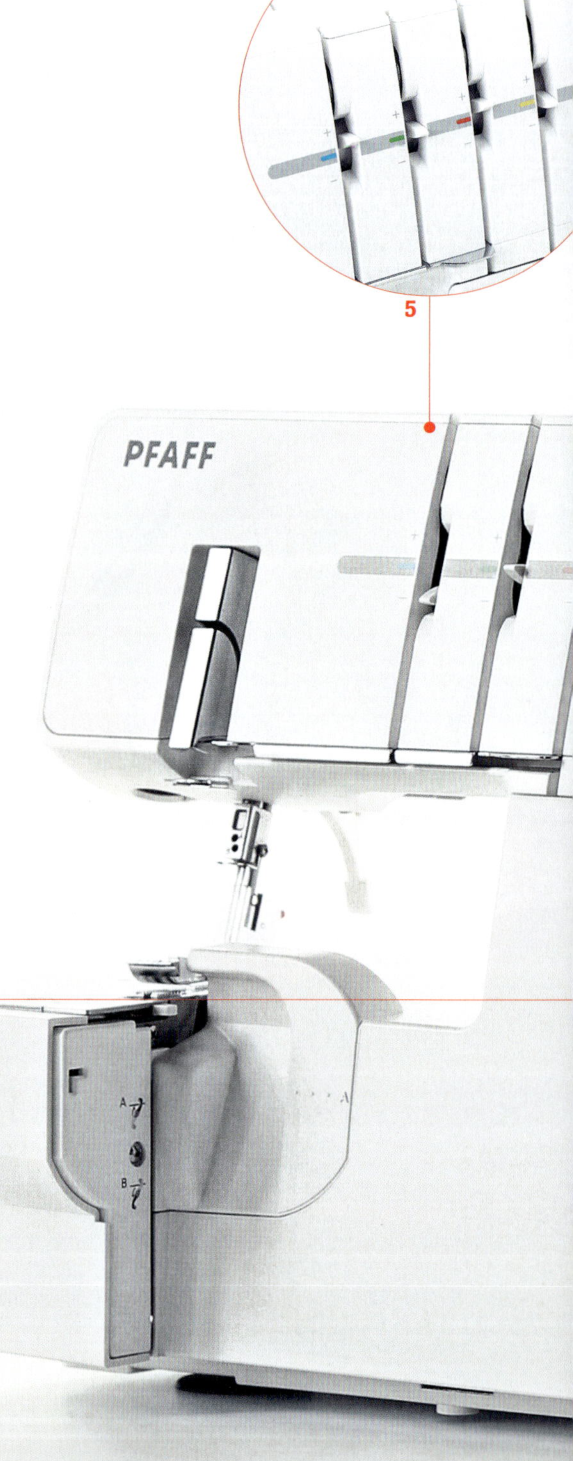

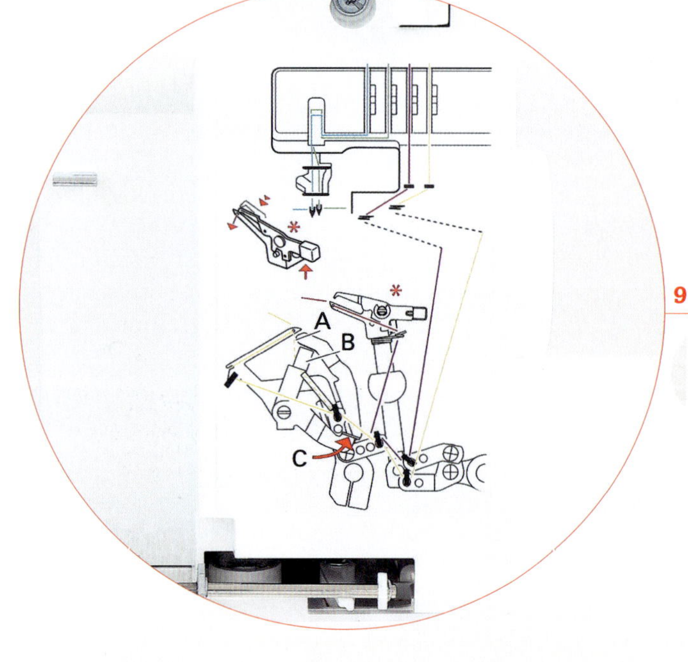

Da die Maschinen unterschiedlicher Hersteller immer ein wenig anders aufgebaut sind, sollten Sie sich jeweils an der beiliegenden Gebrauchsanleitung orientieren.

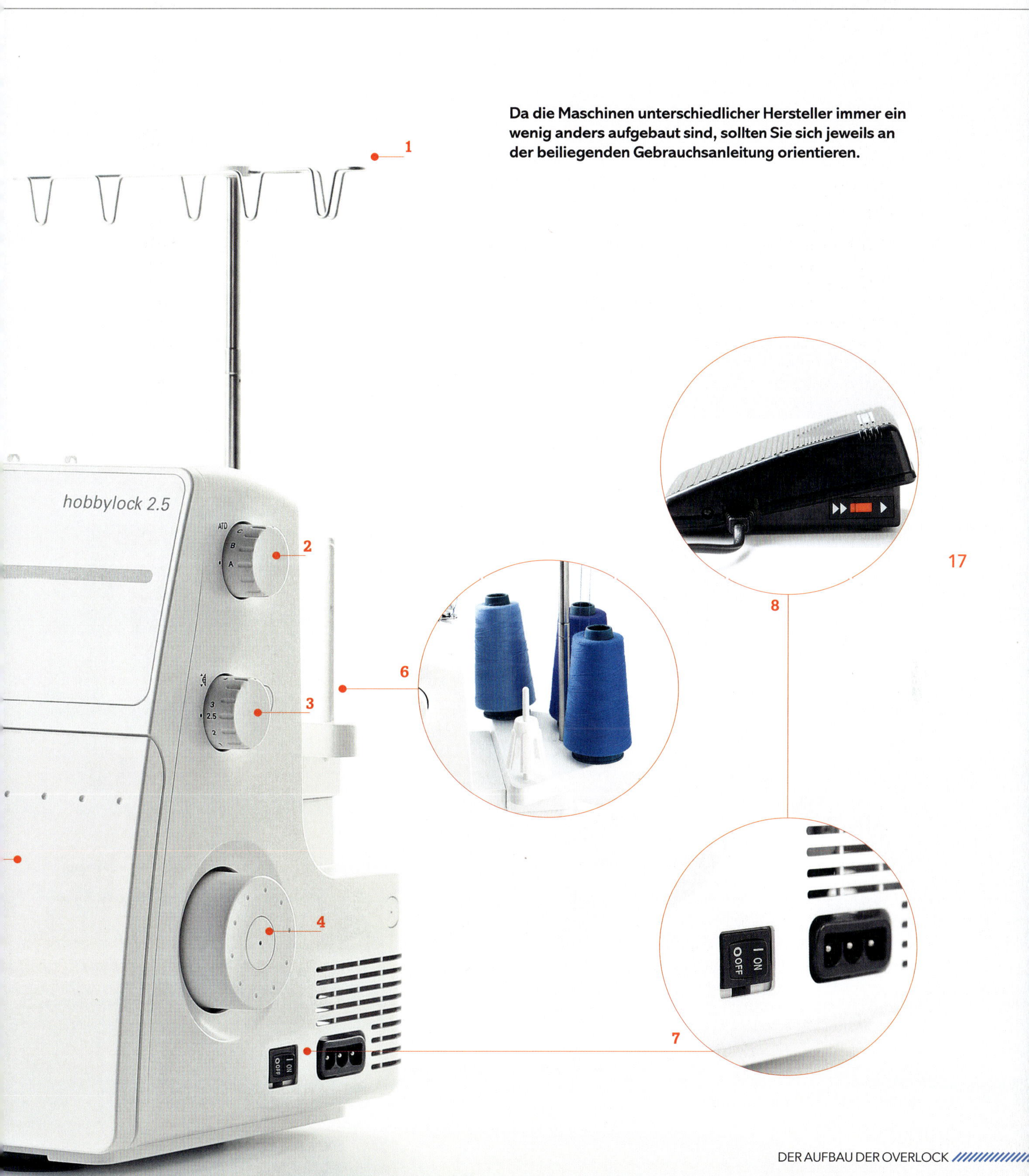

Vorderseite

1. Wählrad für den **Nähfußdruck**
2. **Wählrad für den Differenzialtransport**
   regelt den Stofftransport
3. **Schnittbreitenrad**
   regelt die Schnittbreite und die Voreinstellung der Stichbreite
4. a **Nadeln**
   bei der Overlock sind immer zwei Nadeln im Einsatz, aber bei bestimmten Stichen oder für spezielle Oberflächen verwendet man nur eine
   b **Stichplatte**
   c **Standardnähfuß**
   siehe S. 21, besondere Nähfüße
   d **Transporteure**
   sie arbeiten unabhängig und bewirken, dass das Gewebe nach hinten gezogen wird
5. **Nähfußheber**
6. **Messer**
   schneidet die Stoffkante gleichzeitig, wenn sich die Overlock-Naht bildet
7. e **Oberer Greifer**
   beweglicher Arm, in den der Faden eingefädelt wird, um mit dem unteren Greifer Stiche zu bilden
   f **Unterer Greifer**
   beweglicher Arm, in den der Faden eingefädelt wird, um mit dem oberen Greifer Stiche zu bilden
8. **Stichfingerhebel**
   um ihn herum bilden sich die Overlockstiche

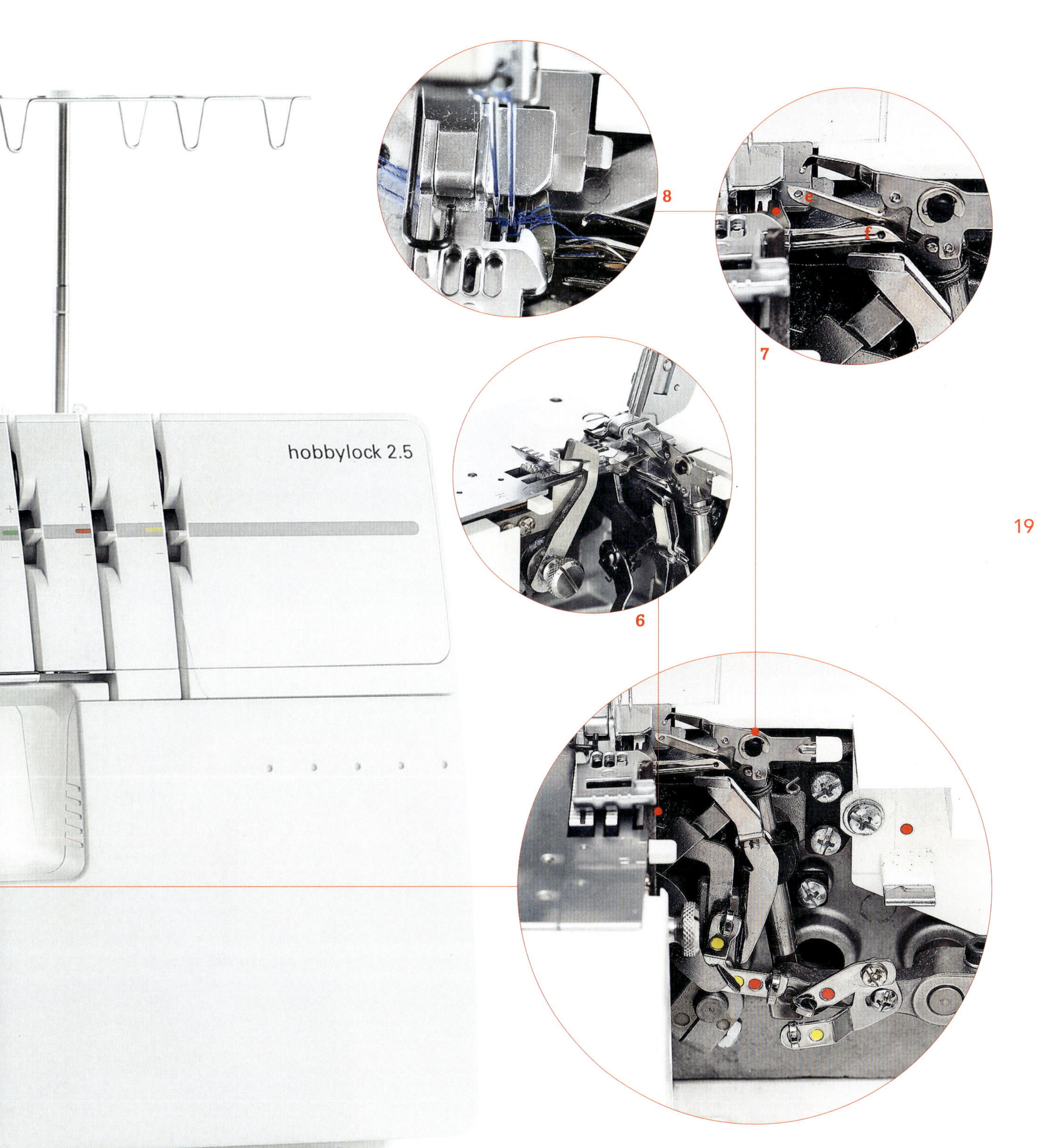
8
e
f
7
hobbylock 2.5
6

Kleine Werkzeuge und Zubehör sind von großem Nutzen, um das Nähen zu vereinfachen. Sie sind beim Kauf oft schon dabei.

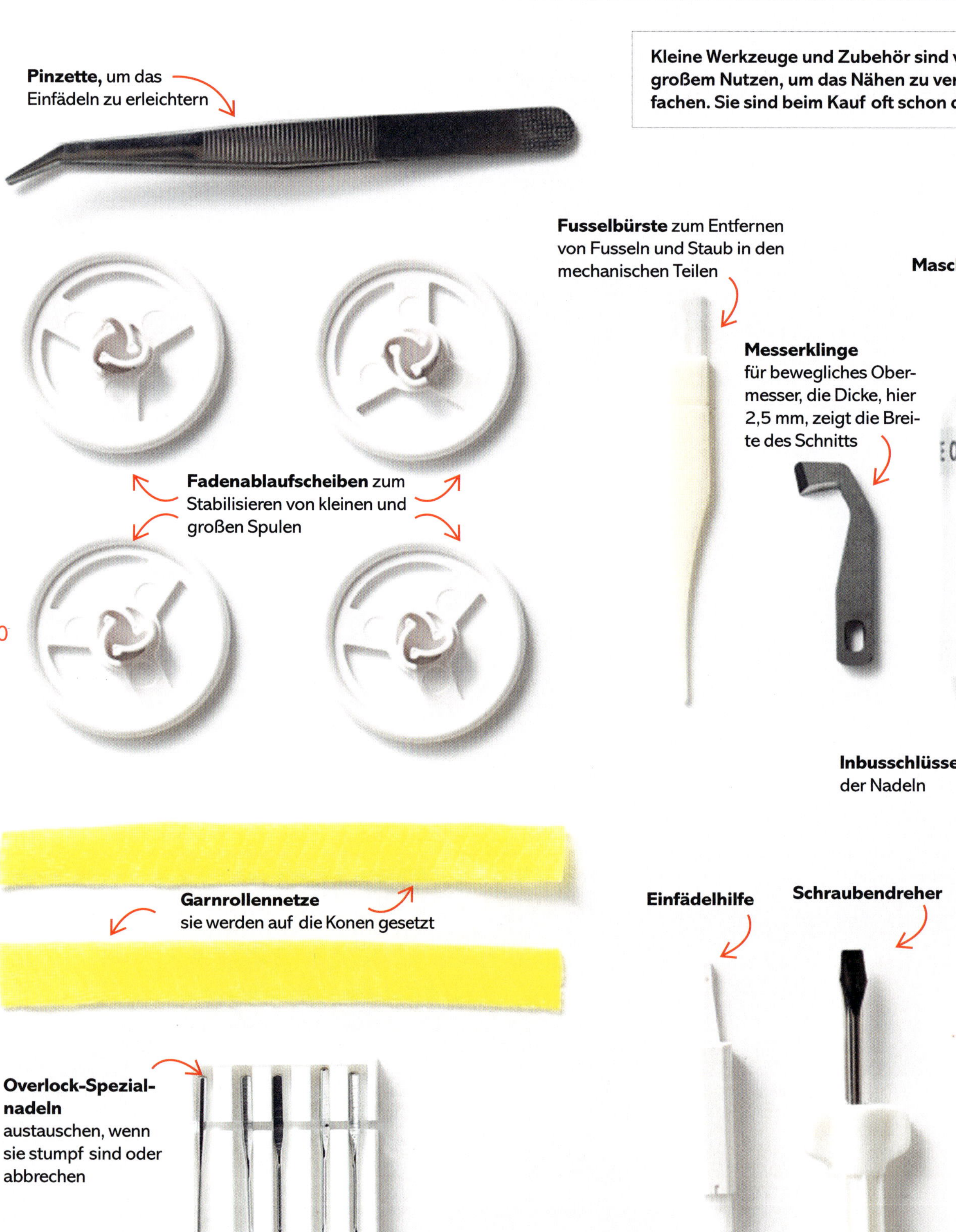

Wenn Sie den Nähfuß wechseln, können Sie mit Ihrer Overlock technisch sehr unterschiedliche Nähte anfertigen. Wie Sie die einzelnen Nähfüße einsetzen, lesen Sie auf den Seiten 86–89.

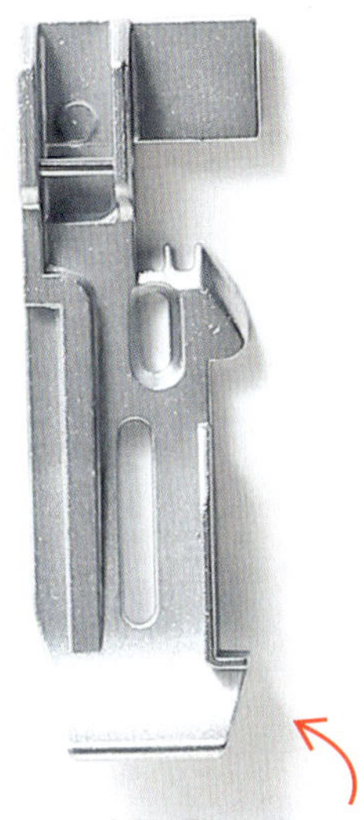

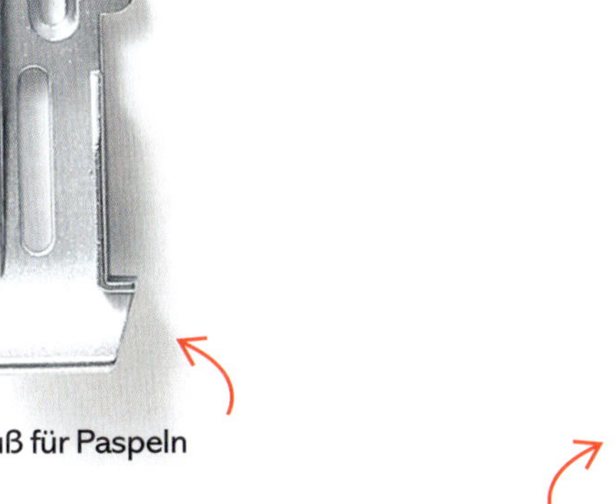

Nähfuß für Paspeln

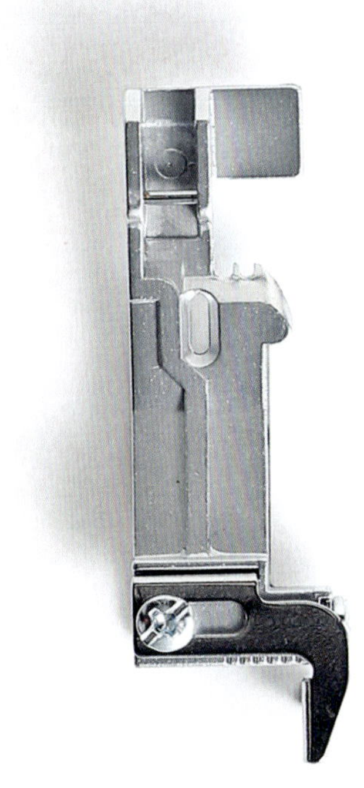

Nähfuß für Kräuseleffekte

Nähfuß für Gummiband

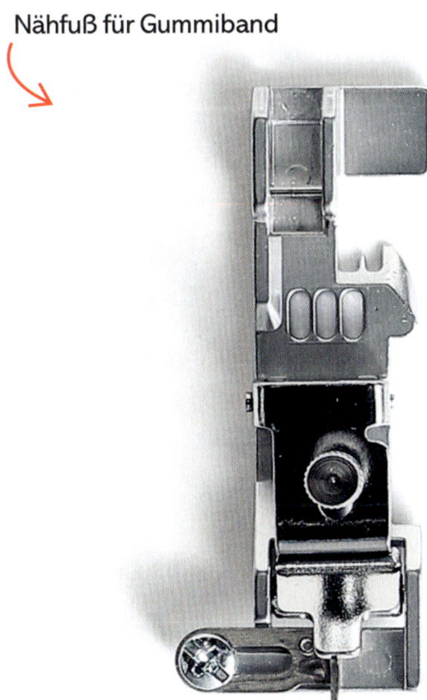

Nähfuß für Blindstich

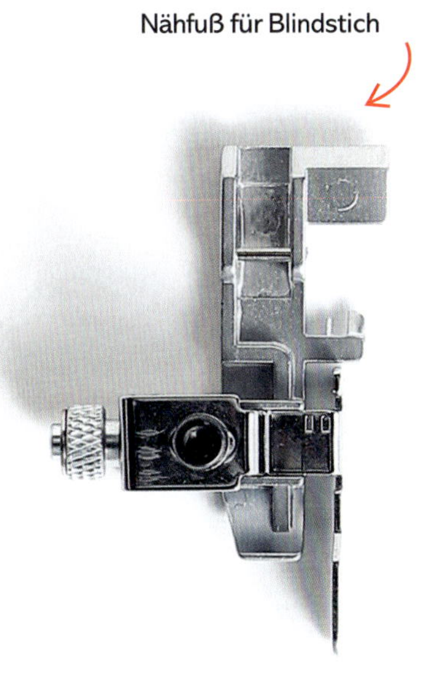

PASSENDE STOFFE – GARNE – NADELN				
STOFFDICKE	STOFFE	FADENSTÄRKE	FADENART	NADELSTÄRKE
SEHR DÜNNER STOFF	Voile, Organza, Krepp, Gaze, Musselin	150/180 (z. B. Gütermann Tera 180)	• Baumwolle, Polyester, Bauschgarn • Ziergarn, dünn oder glatt	60
DÜNNER STOFF	Batist, Krepp, Georgette, Perkal, Plumetis	110/150 (z. B. Gütermann Extra Fein)	• Baumwolle, Polyester, Bauschgarn • Ziergarn, dünn oder glatt	70
MITTELSCHWERER STOFF	Bündchenstoff, Crêpe de Chine, Flanell, Lycra, Modal, Popeline	80/110	• Baumwolle, Polyester, Bauschgarn • alle Ziergarne	80
SCHWERER STOFF	Waffelpiqué, Tweed, Gabardine, Wildlederimitat	50/80	• Baumwolle, Polyester, Bauschgarn • alle Ziergarne	90
SEHR SCHWERER STOFF	Denim, Samt, Frottee, Drillich, Duffel	30/50	• Baumwolle, Polyester • festes oder dickes Ziergarn, wie Schnur-, Metall-, Leinengarn	100/110

1. Kone mit Bauschgarn
2. Kone mit Polyesterfaden, 5000 m
3. dickes Stickgarn
4. beschichtete Schnur
5. Garnrolle mit Baumwolle, 500 m
6. feines Stickgarn
7.–9. Garnrollen mit Polyesterfaden, 100 m
10. dicker Leinenfaden

Sie brauchen bei einer Overlockmaschine drei oder vier Garnrollen nur zum Zusammennähen eines Kleidungsstücks. Darüber hinaus verbrauchen die Greifer der Overlock mindestens dreimal mehr Faden als die Nadeln. Aus diesem Grund werden für die Overlock Spulen mit großer Lauflänge verwendet. Sie finden im Handel Spulen von 100 m (7, 8, 9) bis zu Konen von 5000 m (2), wobei der Kauf von Konen wirtschaftlicher ist. Bei Farben, die häufig verwendet werden, wie zum Beispiel Schwarz, Weiß, Marineblau oder Rot, ist es besser, gleich vier Konen derselben Farbe zu kaufen. Doch von anderen Farben, die für bestimmte Projekte verwendet werden, sollte man sich eher Garnrollen mit weniger Lauflänge anschaffen.

Für herkömmliche Nähte sind Fäden aus Polyester oder Baumwolle zu bevorzugen.
Bauschgarn (1) wurde speziell für die Overlock entwickelt. Seine Struktur macht es zu einem sehr leichten Faden, der dehnbar und weich ist. Sie sollten dieses Garn besonders bei Jersey-Stoffen bevorzugt verarbeiten, und bei der Anfertigung von Wäsche ist es unverzichtbar. Bauschgarn erzeugt auch einen sehr schön gerollten Saum. Allgemein wird es für den oberen und den unteren Greifer verwendet.

Sie können auch Spezialgarne, wie Metallicgarne, Stickgarne oder Kordeln, für ein dekoratives Finish wählen. Diese werden in die Greifer gefädelt.

Für ein Projekt mit wenigen Nähten, können Sie für die Greifer nur zwei Rollen derselben Farbe kaufen und mit Ihrer herkömmlichen Nähmaschine Garn auf zwei Spulen abwickeln, die Sie dann als Fäden für die Nadeln verwenden.

Diese Gewebe bestehen aus Kettfäden (Länge des Gewebes) und Schussfäden (Breite des Gewebes). Diese Stoffe sind in der Regel nicht dehnbar.

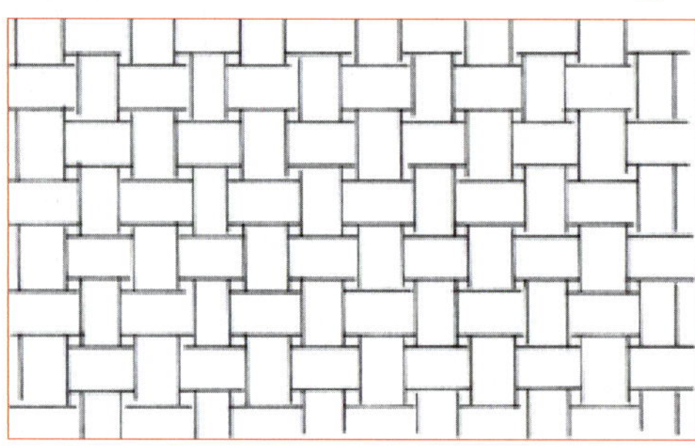

Der Rollsaum eignet sich besonders für leichte, gewebte Stoffe.

Alle Gewebe können mit dem Überwendlichstich eingefasst werden. Dicke Stoffe erfordern breite und lang gesetzte Stiche, während leichte und dünne Stoffe weniger lange und breite kleine Stiche benötigen.

Wird beim Weben für den Kettfaden oder den Schussfaden dehnbares Material verwendet, wird das Gewebe dehnbar.

Jersey-Stoff besteht aus einem einzigen Faden, der gestrickt wird. Es ist die gestrickte Struktur, die das Gewebe dehnbar macht. Nicht alle Jersey-Stoffe sind gleich dehnbar, und je weniger dehnbar sie sind, umso einfacher sind sie zu nähen.
Sie lernen auch eine Einstellung der Maschine (Differenzialtransport) kennen, die manchmal für elastische Stoffe benötigt wird, damit sich diese während des Nähens nicht verformen.

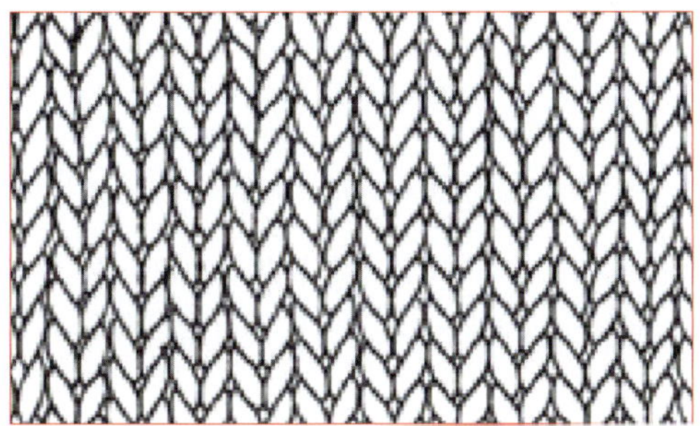

Die Overlock-Maschine gewährleistet eine schöne Naht bei Jersey-Stoffen.

Jersey aus gestreifter Baumwolle

Alle Arten von Jersey-Stoffen (Fleece, durchbrochene, geprägte, gerippte ...) können mit der Overlock verarbeitet werden.

PFAFF
hobbylock 2.5

GEBRAUCHSANLEITUNG
26
63
GEBRAUCHSANLEITUNG

Mit ihren vier Fäden mag das Einfädeln bei der Overlock auf den ersten Blick kompliziert erscheinen. Wenn Sie aber der Anleitung Schritt für Schritt folgen, werden Sie das Einfädeln mit Leichtigkeit schaffen.

1. Stecken Sie das Kabel für den Fußanlasser und die Stromzufuhr in den Anschluss an der Maschine. Schalten Sie das Gerät ein.

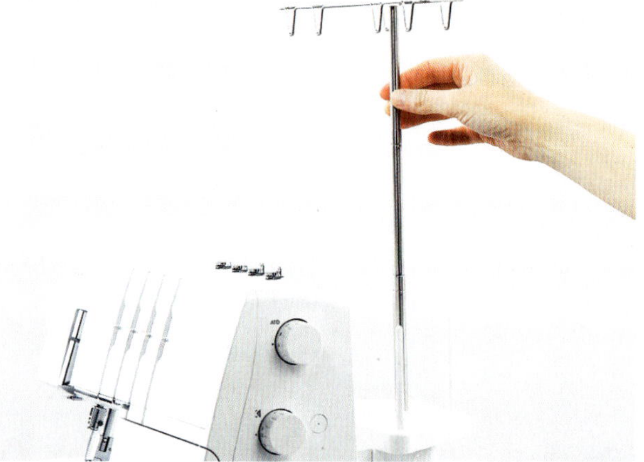

2. Fahren Sie den ausfahrbaren Garnständer zu seiner vollen Höhe aus und drehen Sie ihn, sodass er einrastet.

3. Die Overlock benötigt vier Garnspulen.

4. Wenn der Faden auf Konen liegt, setzen Sie die Konen auf die Garnrollenhalter, damit sie an Ort und Stelle bleiben.

5. Heben Sie den Nähfuß an, um die Spannungsscheiben zu lösen und damit die Fäden leichter durchlaufen können.

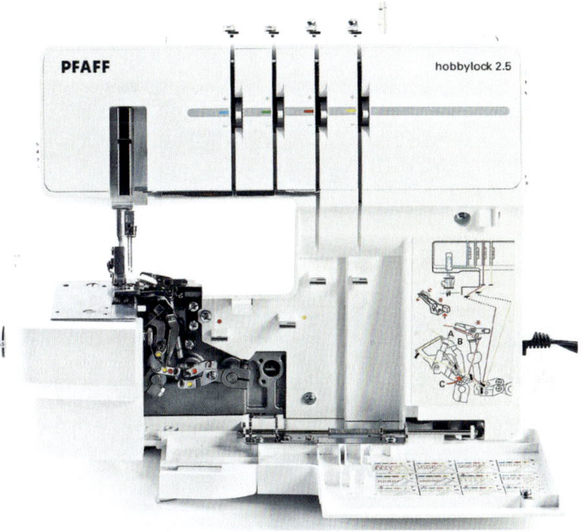

6. Um die Geifer einzufädeln, öffnen Sie die vordere Abdeckung. Die Frontabdeckung ist mit einem Sicherheitsschalter gesichert. Ist sie geöffnet, funktioniert das Gerät nicht.

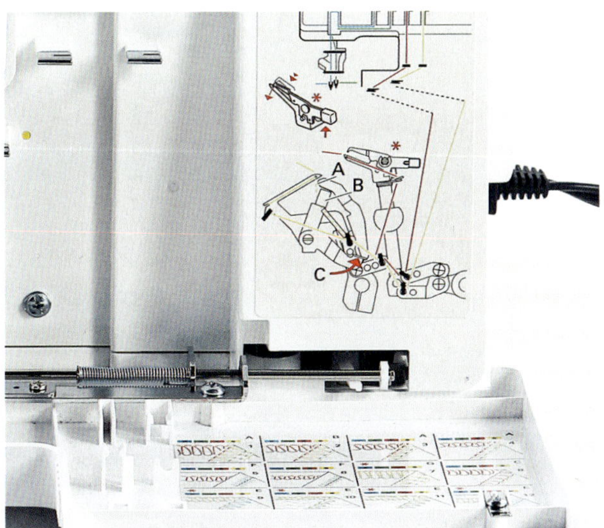

7. Hinter der Frontabdeckung befindet sich eine Farbcode-Übersicht, die das Einfädeln erleichtert.

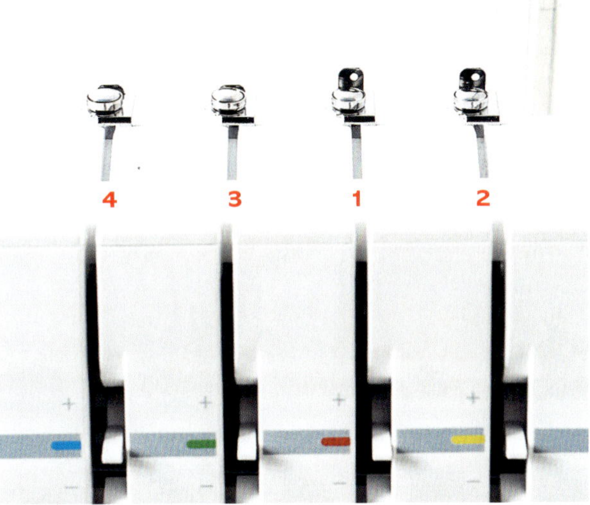

8. Eingefädelt wird in der Regel in vier Schritten in dieser Reihenfolge: der obere Greifer (**1**), dann der untere Greifer (**2**), die rechte Nadel (**3**) und zum Schluss die linke Nadel (**4**).

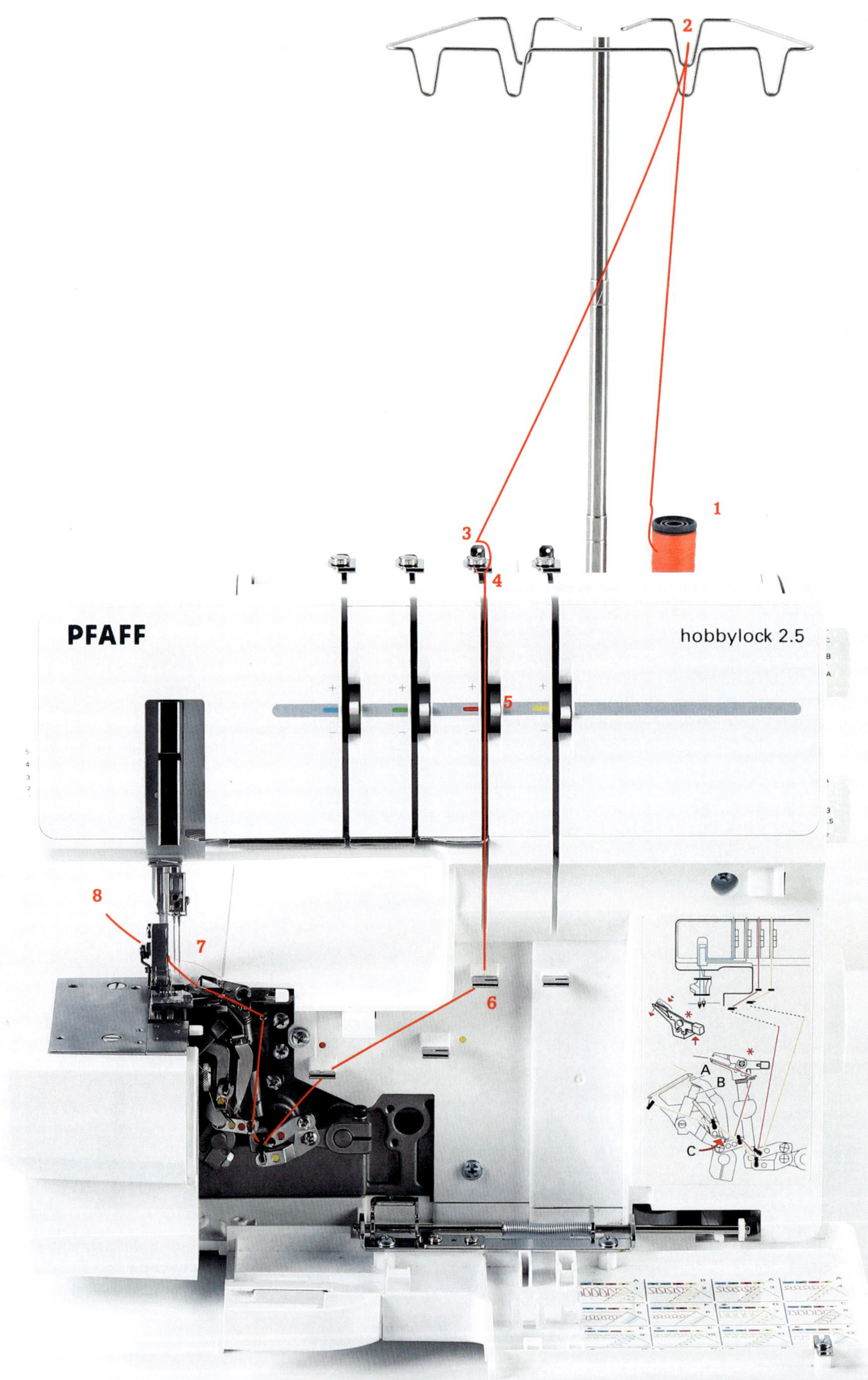

2
1
3
4
PFAFF
hobbylock 2.5
5
8
7
6
A
B
C

1. SCHRITT: EINFÄDELN DES OBEREN GREIFERS

1. Setzen Sie die Garnrolle auf den entsprechenden Spulenhalter, den dritten von links.

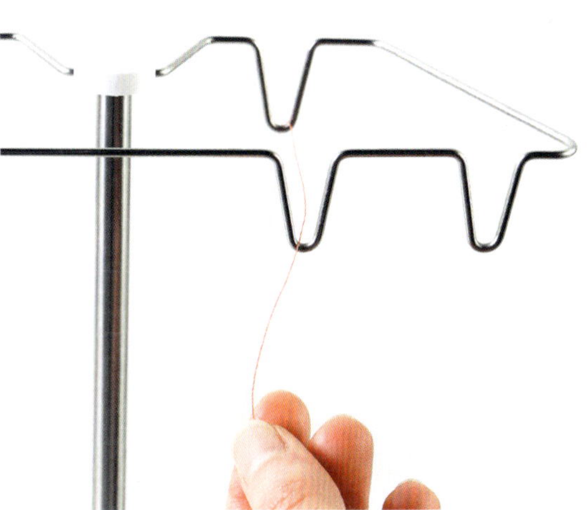

2. Dann führen Sie den Faden von hinten nach vorn durch die Fadenführung am Garnständer (die zweite von rechts).

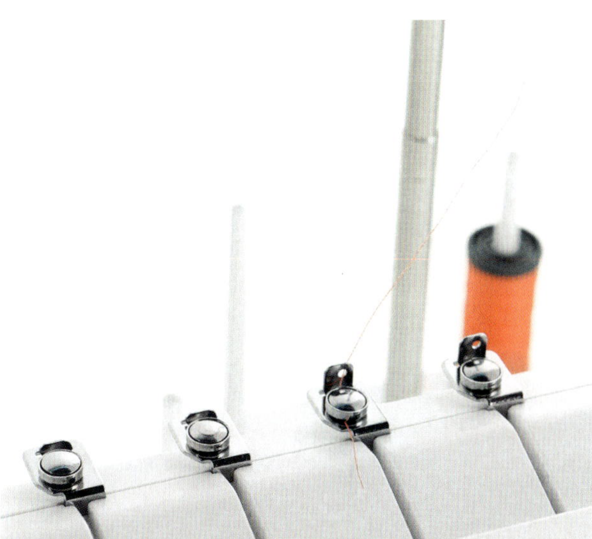

3. Nun fädeln Sie die obere Fadenführung ein (die dritte von links), indem Sie den Faden nach rechts ziehen, sodass er unter die Führung gleitet.

4. Anschließend führen Sie den Faden unter dem Griff hindurch.

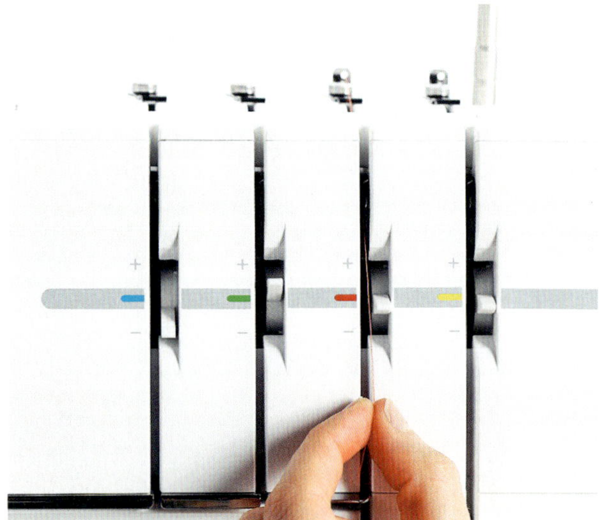

5. Als Nächstes führen Sie den Faden zwischen den Spannungsscheiben hindurch. Ziehen Sie den Faden nach unten, um sicherzustellen, dass er straff zwischen den Scheiben liegt.

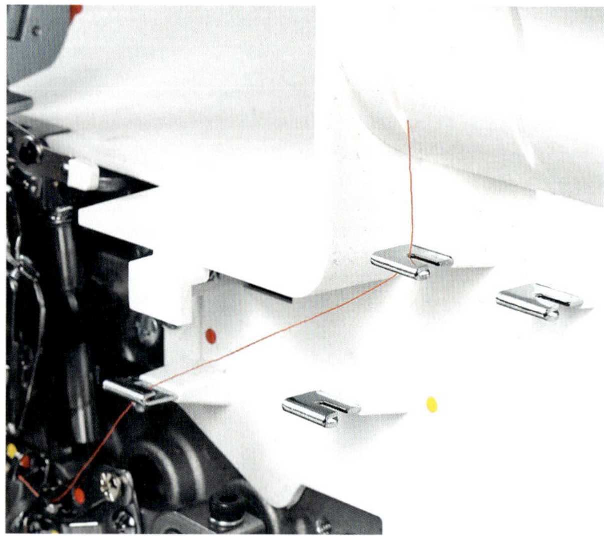

6. Nach dem Farbcode fädeln Sie nun den Faden zwischen die vier aufeinanderfolgenden Fadenführungen ein.

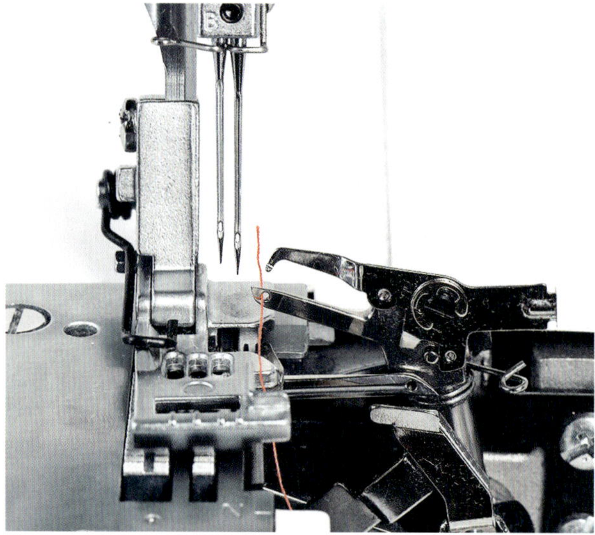

7. Dann führen Sie den Faden mithilfe der Pinzette in den oberen Greifer von vorn nach hinten.

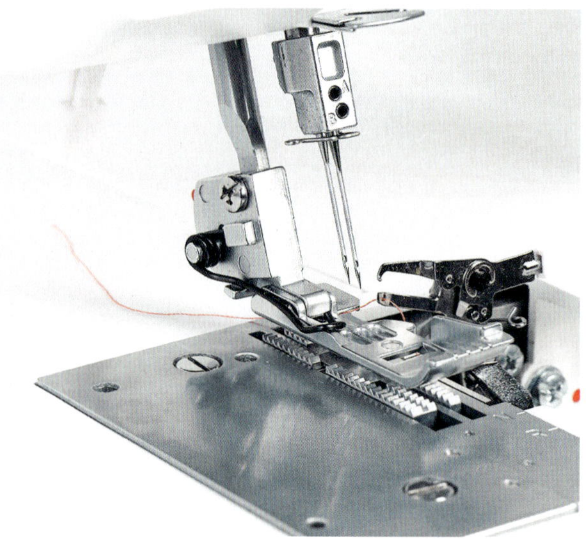

8. Zum Schluss ziehen Sie etwa 10 cm des Fadens durch den oberen Greifer und legen das Fadenende hinten auf der Stichplatte ab.

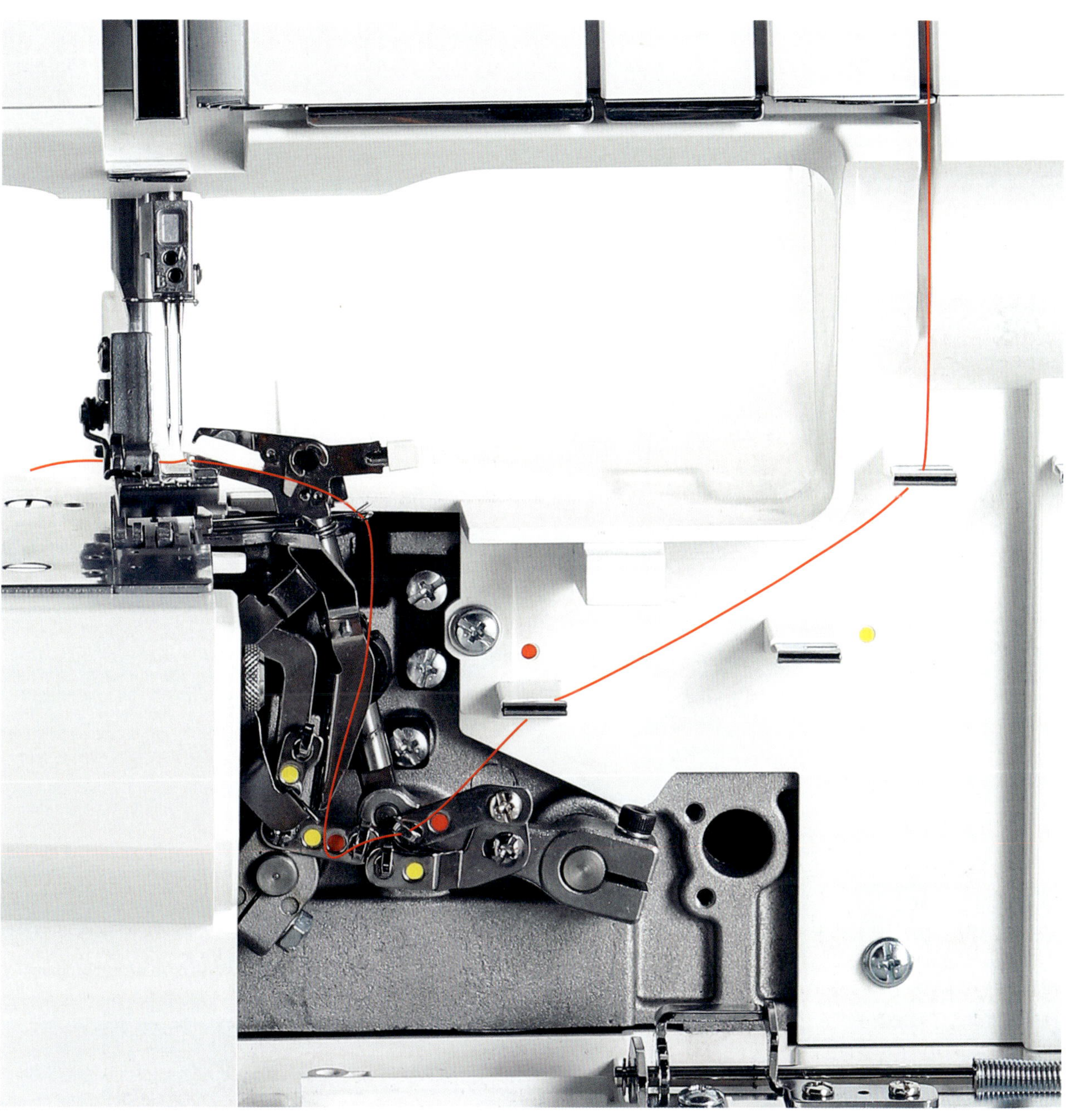

Innenansicht des Einfädelns beim oberen Greifer

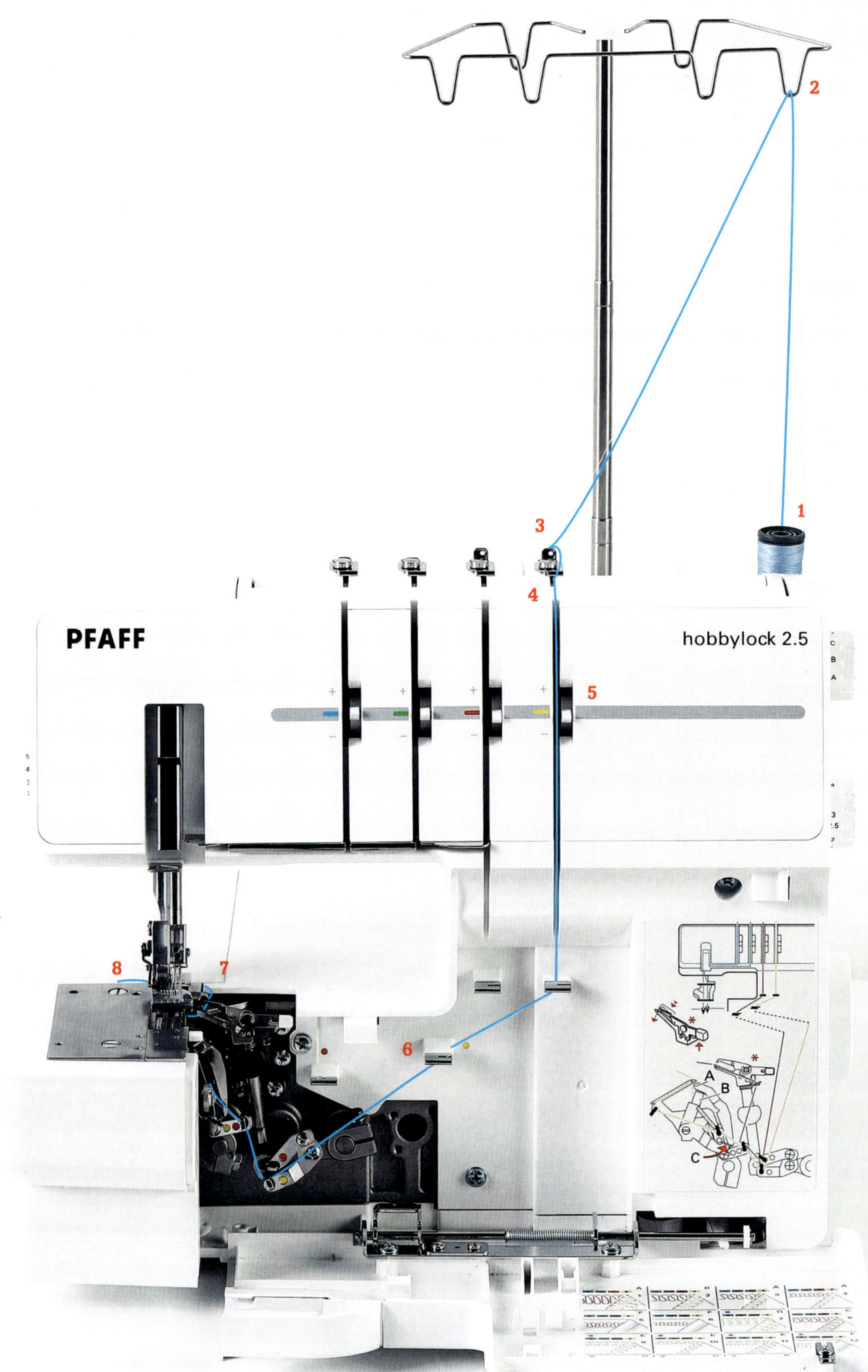

1
2
3
4
5
6
7
8
PFAFF
hobbylock 2.5

2. SCHRITT: EINFÄDELN DES UNTEREN GREIFERS

1. Setzen Sie die Garnrolle auf den entsprechenden Spulenhalter, den vierten von links.

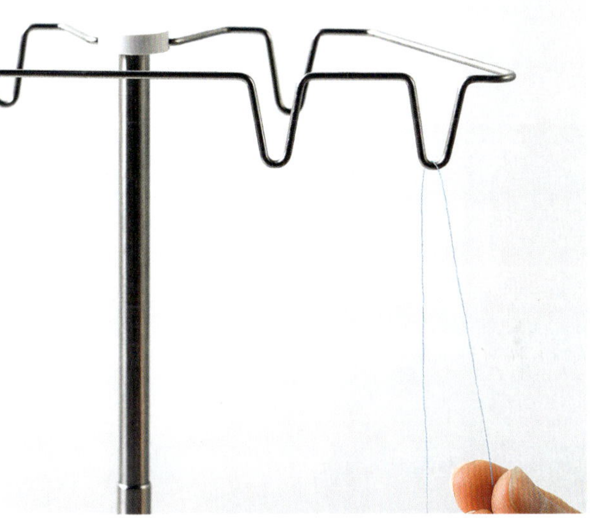

2. Dann führen Sie den Faden von hinten nach vorn durch die Fadenführung, die sich ganz rechts am Garnständer befindet.

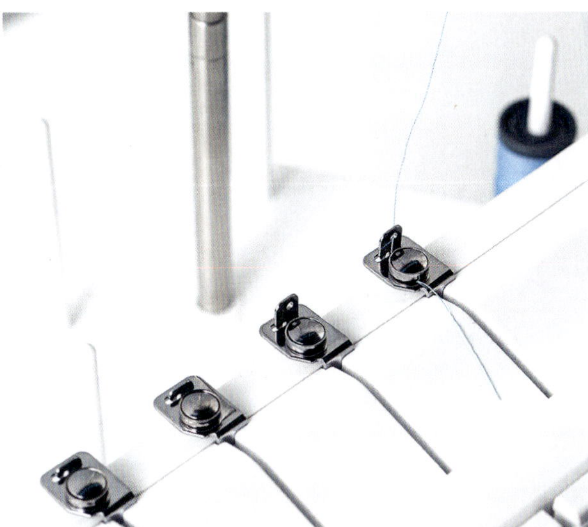

3. Nun fädeln Sie die obere Fadenführung ein (die vierte von links), indem Sie den Faden nach rechts ziehen, sodass er unter die Führung gleitet.

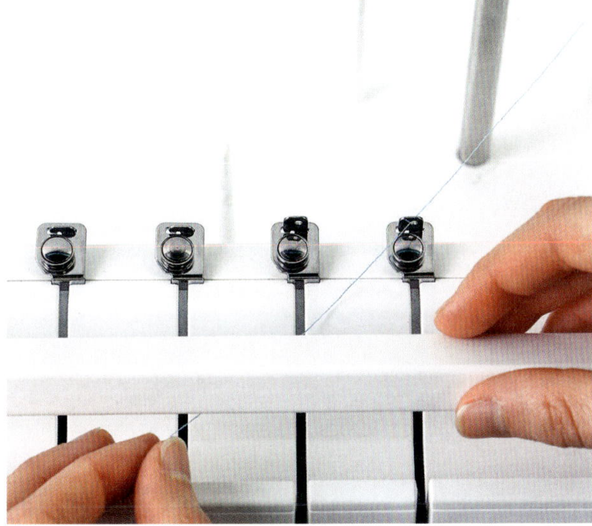

4. Anschließend führen Sie den Faden unter dem Griff hindurch.

2. SCHRITT: EINFÄDELN DES UNTEREN GREIFERS

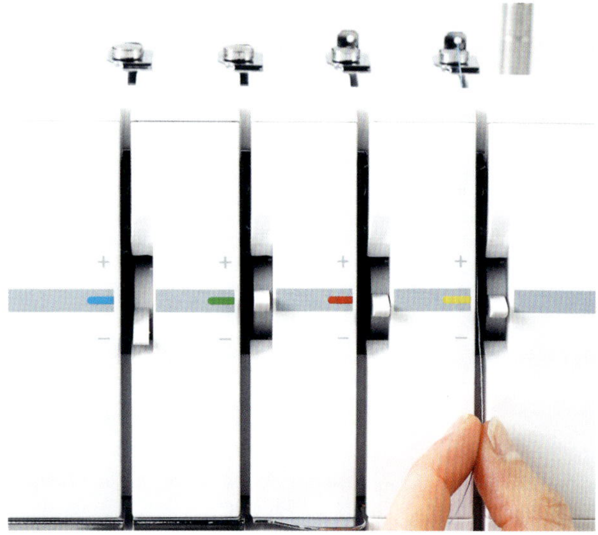

5. Als Nächstes führen Sie den Faden zwischen den Spannungsscheiben hindurch. Ziehen Sie den Faden nach unten, um sicherzustellen, dass er straff zwischen den Scheiben liegt.

6. Nach dem Farbcode fädeln Sie nun den Faden zwischen die fünf aufeinanderfolgenden Fadenführungen ein.

7. Dann führen Sie den Faden mithilfe der Pinzette in den unteren Greifer von vorn nach hinten.

8. Etwa 10 cm des Fadens durch den unteren Greifer ziehen und das Fadenende hinten auf der Stichplatte ablegen. Zum Schluss schließen Sie die vordere Abdeckung der Maschine.

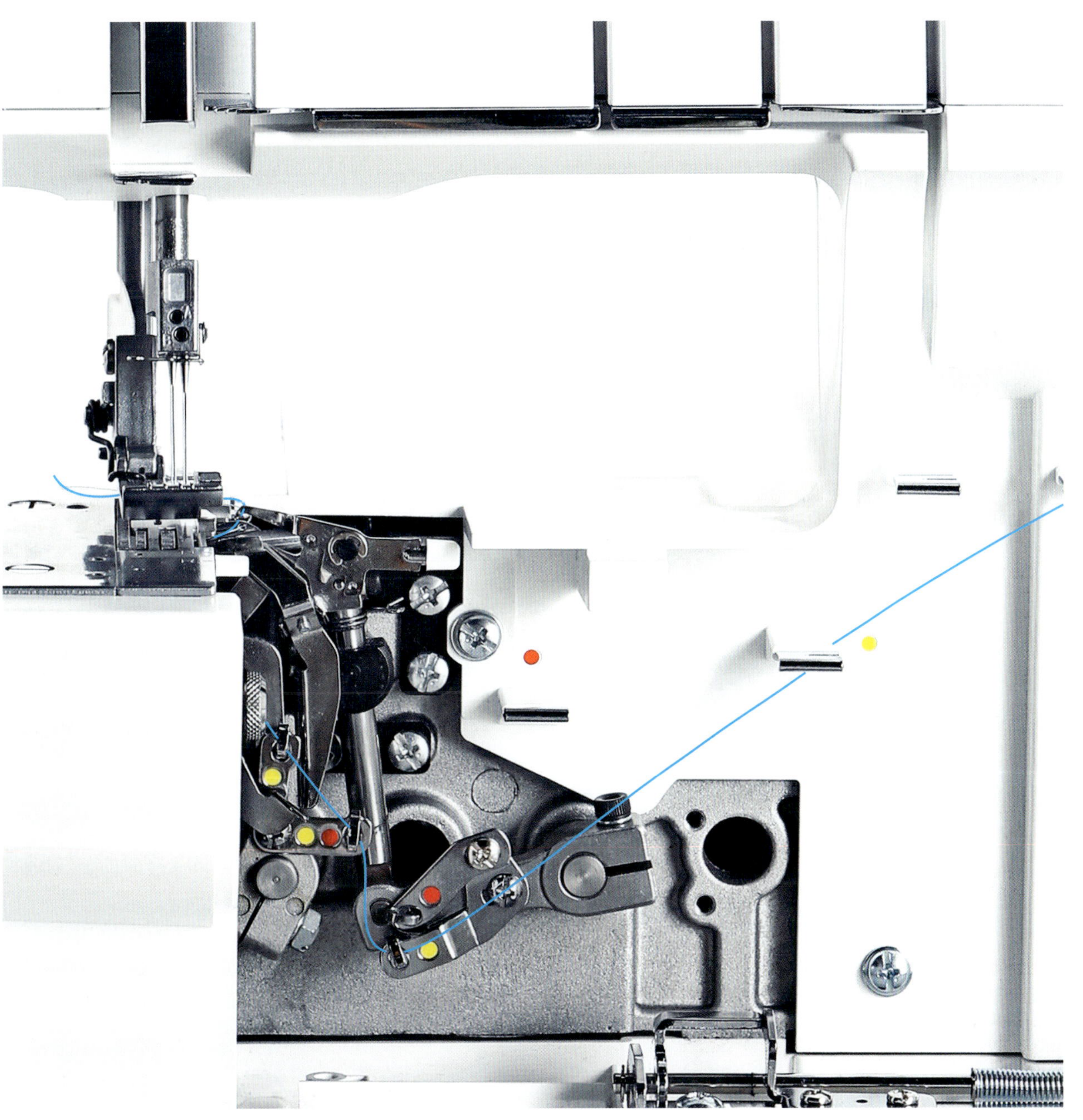

Innenansicht des Einfädelns beim unteren Greifer

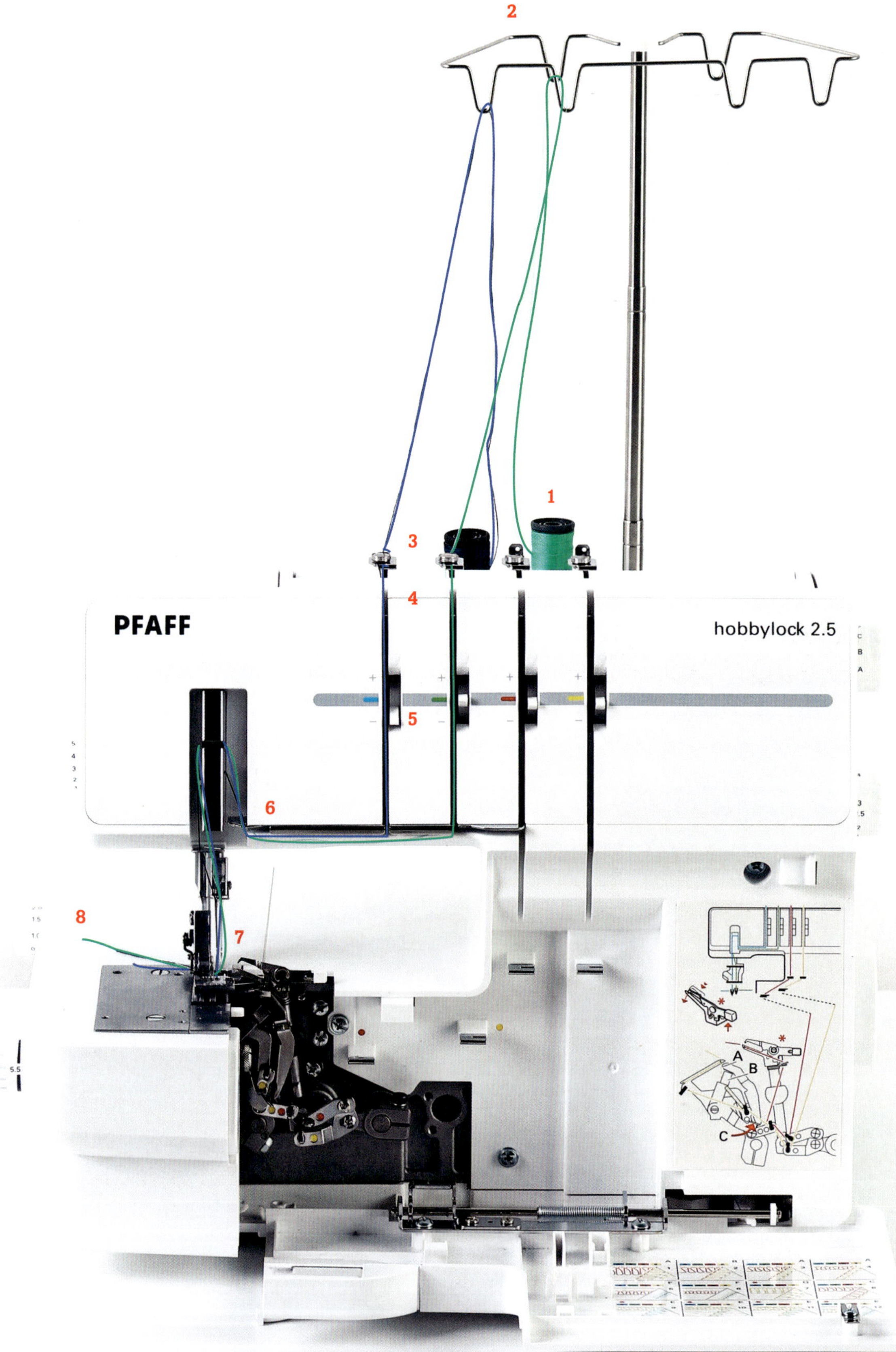
2
1
3
4
PFAFF
hobbylock 2.5
5
6
8
7

3. UND 4. SCHRITT: EINFÄDELN DER NADELN

1. Setzen Sie die Garnrolle auf den entsprechenden Spulenhalter, den ersten von links für die linke Nadel und den zweiten von links für die rechte Nadel.

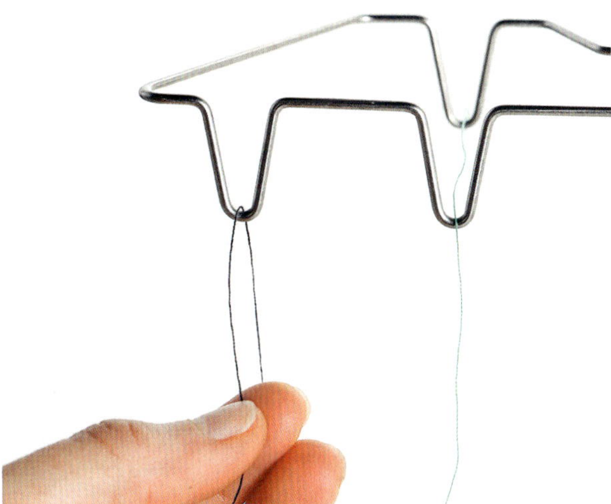

2. Dann führen Sie jeden Faden von hinten nach vorn durch die Fadenführung am Garnständer: Auf der linken Seite den links liegenden Faden für die linke Nadel und rechts davon den Faden für die rechte Nadel.

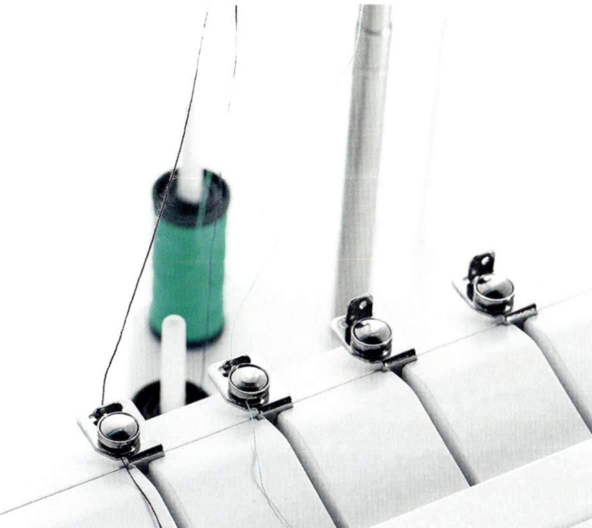

3. Nun fädeln Sie die obere Fadenführung ein (den Leitfaden links für die linke Nadel, rechts für die rechte Nadel), indem Sie den Faden von hinten nach vorn ziehen und dann an der rechten Seite des Knaufs entlang.

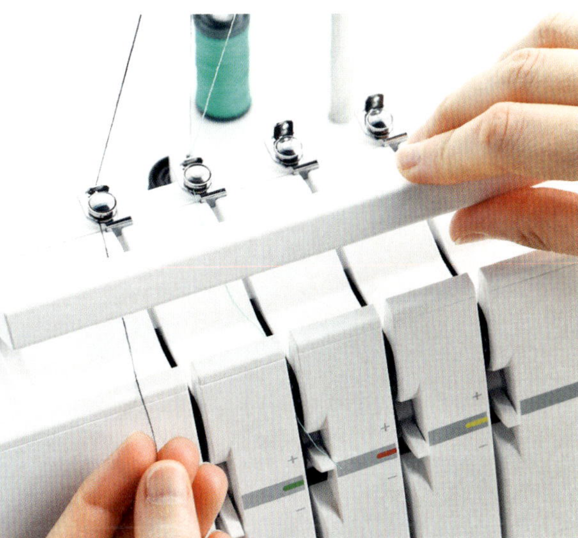

4. Anschließend führen Sie den Faden unter dem Griff hindurch.

3. UND 4. SCHRITT: EINFÄDELN DER NADELN

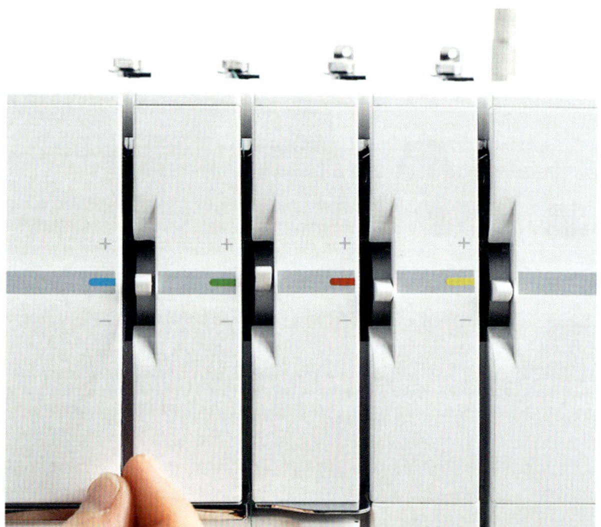

5. Dann führen Sie jeden Faden zwischen den Spannungsscheiben hindurch. Ziehen Sie den Faden nach unten, um sicherzustellen, dass er straff zwischen den Scheiben liegt.

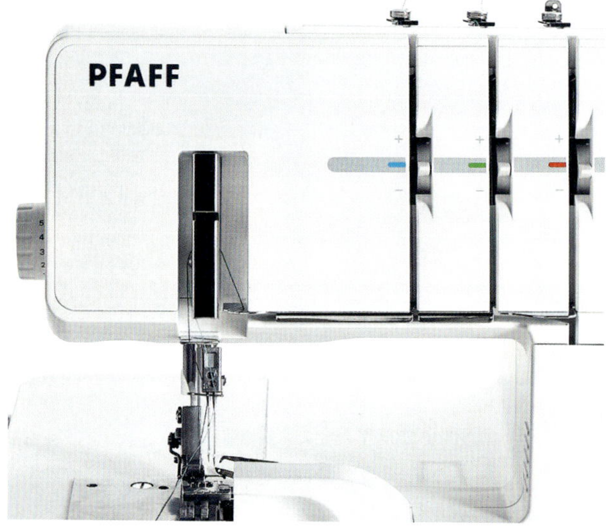

6. Anschließend fädeln Sie jeden Faden in die entsprechende Fadenführung ein, beginnen Sie dabei mit dem Faden der rechten Nadel.

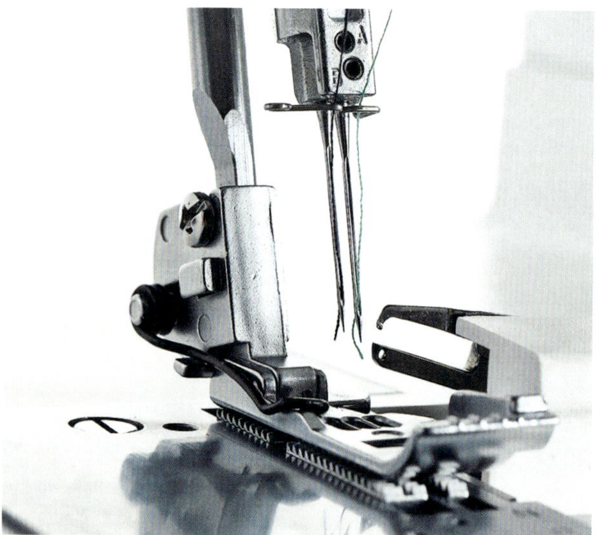

7. Die Fäden in die entsprechende Fadenführung einfädeln, dabei immer mit dem rechten Faden beginnen. Dann beide Nadeln jeweils von vorn nach hinten einfädeln. Dazu verwenden Sie am besten den Nadeleinfädler.

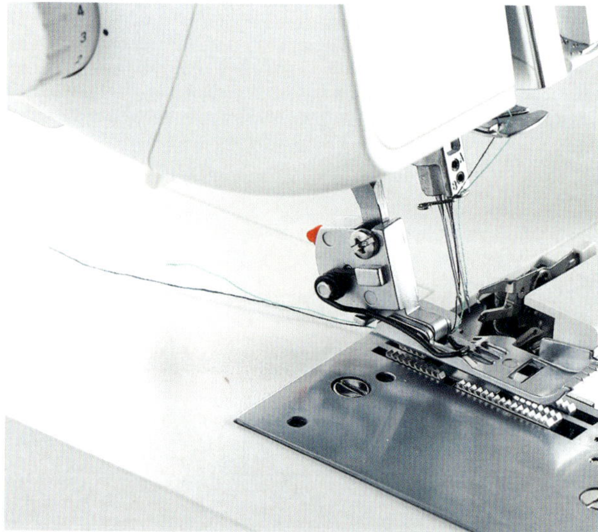

8. Zum Schluss ziehen Sie beide Fäden etwa 10 cm durch die Nadel und legen das Fadenende unter dem Nähfuß hinten auf der Stichplatte ab.

3. UND 4. SCHRITT: EINFÄDELN DER NADELN
mithilfe des Einfädlers

Beim Einfädeln verwenden Sie zur Erleichterung den Nadeleinfädler, der als Zubehör mit der Maschine geliefert wird.

1. Drehen Sie das Handrad so, dass die Nadeln ihre höchste Position erreichen, und senken Sie den Nähfuß. Überprüfen Sie, ob die rechteckigen Markierungen des Einfädlers nach oben zeigen. Platzieren Sie den Faden von rechts nach links in der Kerbe am Ende des Einfädlers.

2. Führen Sie nun den Nadeleinfädler zum Nadelöhr und drücken Sie ihn sanft gegen die Nadel.

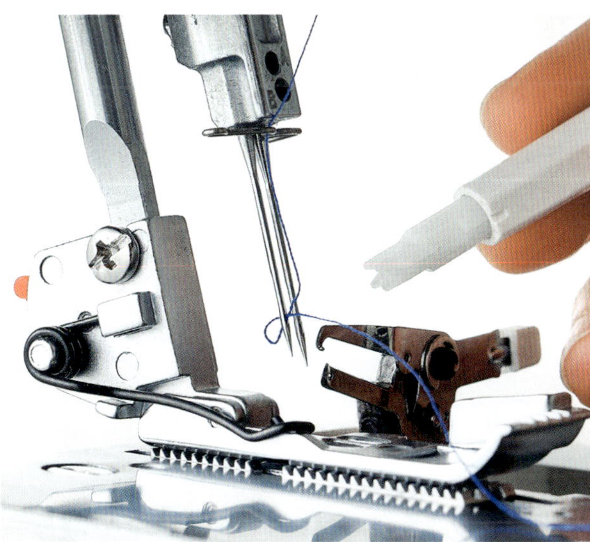

3. Ein kleiner Metallstift schiebt dann den Faden durch das Nadelöhr.

Jetzt ist Ihre Maschine perfekt eingefädelt, und Sie können mit dem Nähen beginnen.

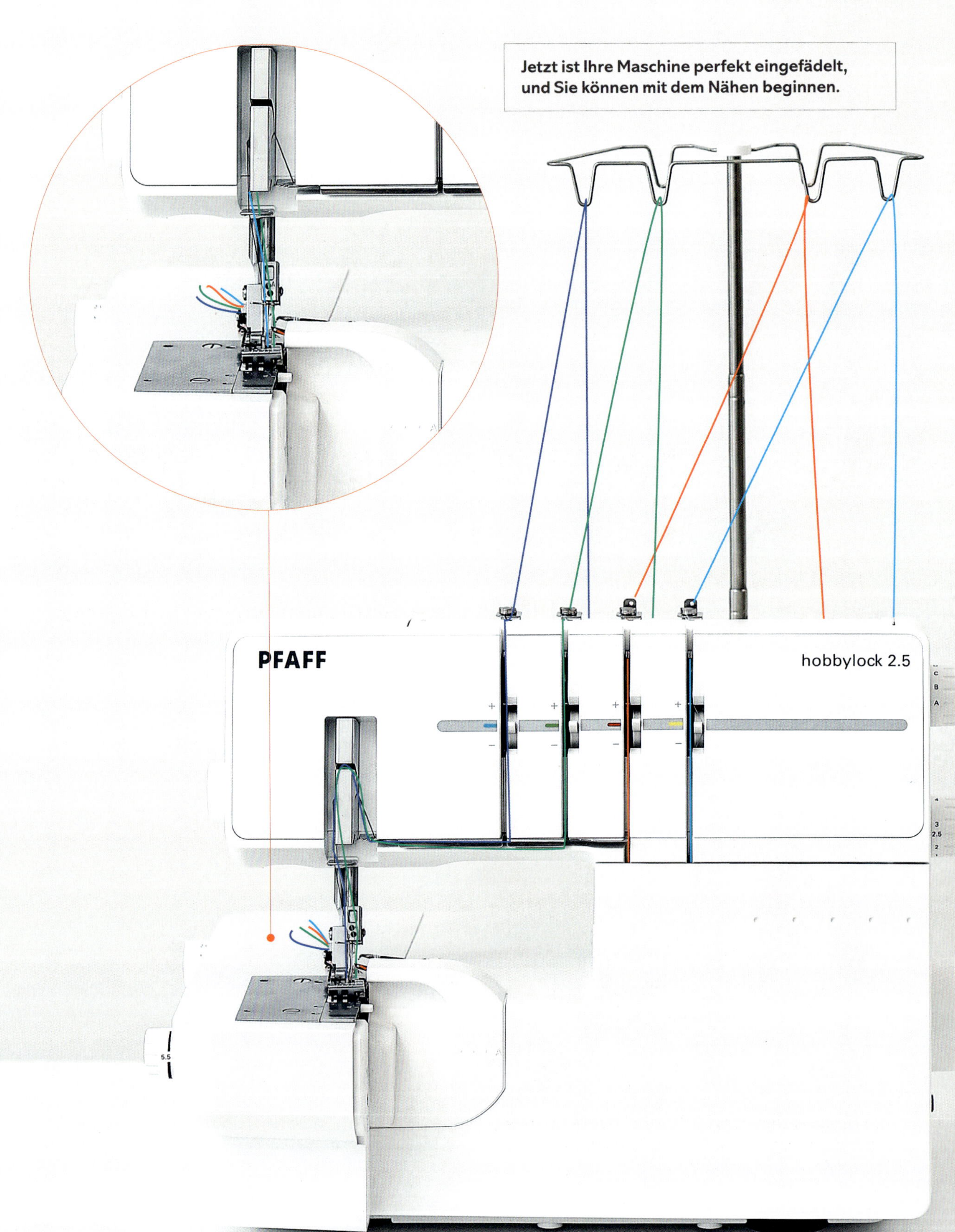

1. Zuerst legen Sie die vier Fäden unter den Nähfuß.

2. Dann drehen Sie das Handrad, um die erste Schlinge um den Stichfingerhebel zu bilden.

3. Mit eingeschalteter Maschine halten Sie die vier Fäden und drücken vorsichtig auf den Fußanlasser. Auf diese Weise bildet sich eine Fadenkette.

4. Hat sich eine Fadenkette von 10 cm Länge gebildet, ist die Maschine bereit zum Nähen.

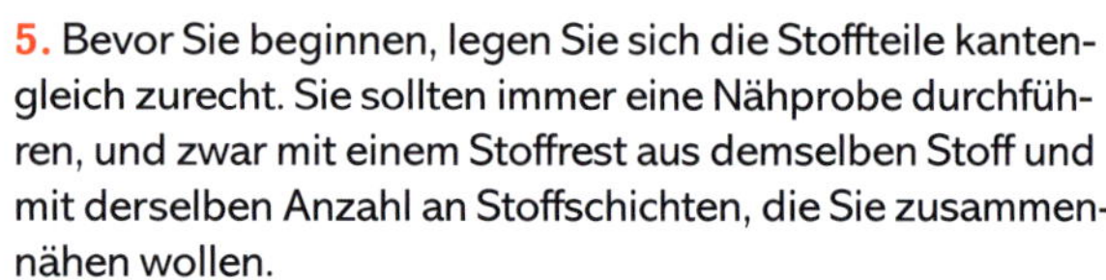

5. Bevor Sie beginnen, legen Sie sich die Stoffteile kantengleich zurecht. Sie sollten immer eine Nähprobe durchführen, und zwar mit einem Stoffrest aus demselben Stoff und mit derselben Anzahl an Stoffschichten, die Sie zusammennähen wollen.

6. Nun heben Sie den Nähfuß mit dem Daumen leicht an.

7. Legen Sie den Stoff so unter den Nähfuß, dass er am oberen Messer liegt. Dann richten Sie den Stoff kantengleich mit dem Metallrand der Maschine aus.

8. Den Fußanlasser drücken, um die Maschine zu starten und zu nähen. Je höher der Druck, umso schneller läuft die Maschine. Seitlich am Fußanlasser befindet sich ein Regler, über den Sie die Geschwindigkeit einstellen können.

9. Abhängig von der Position des Gewebes, wird es durch das Messer geschnitten. Für ein optimales Ergebnis sollten Sie immer mindestens mit 2 mm Abstand zur Stoffkante schneiden, sodass sich eine saubere, glatte Überwendlichnaht bildet.

10. Ist die Naht beendet, nähen Sie weiter, sodass sich eine Abschlusskette bildet. Schneiden Sie diese Kette so durch, dass etwa 10 cm der Fadenkette am Stoff bleiben und 10 cm an der Maschine.

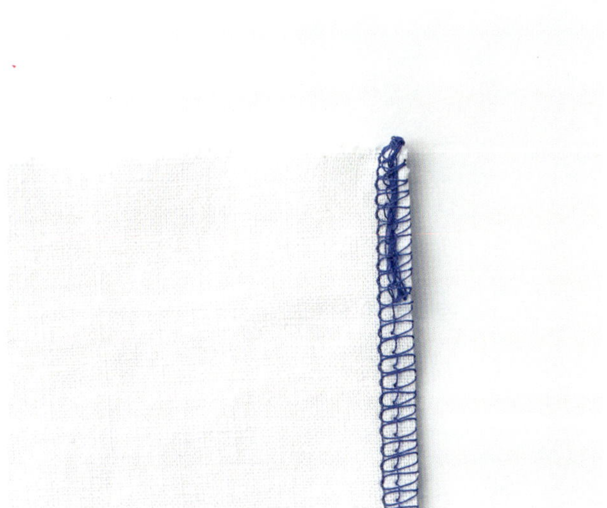

11. Hören Sie mit dem Nähen auf und vernähen Sie anschließend die Fadenkette (siehe S. 74).

TIPP

Wenn Sie eine Naht mit schweren oder sehr leichten Stoffen beginnen, kann der Transporteur Schwierigkeiten haben, das Gewebe zu fassen. Um dies zu erleichtern, schneiden Sie entlang der zukünftigen Naht von oben nach unten eine etwa 2 mm lange Kerbe ein. Heben Sie dann den Nähfuß und legen Sie den Stoff mit der Kerbe unter die Nadeln. Auf diese Weise bildet der Stoff eine Fuge, die Sie unter den Nähfuß schieben können. Diesen Trick können Sie zu Beginn des Zusammennähens anwenden.

Um die Fäden zu wechseln, müssen Sie nicht die ganze Maschine neu einfädeln. Es gibt eine einfache Methode, um den alten mit dem neuen Faden zu verbinden … supereinfach!

1. Schneiden Sie den verwendeten Faden kurz vor der Garnrolle ab.

2. Nehmen Sie dann die alte Spule ab und legen Sie die neue auf den Garnrollenhalter.

3. Nun verknoten Sie den alten und den neuen Faden fest miteinander.

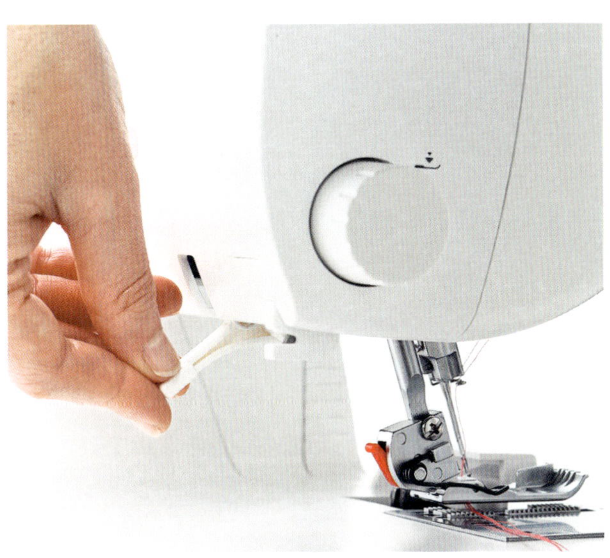

4. Dann heben Sie an der Maschine den Nähfuß, um die Spannungsscheiben zu lösen.

5. Nun ziehen Sie vorsichtig einen Faden nach dem anderen durch die Fadenführung der Maschine. Sie beginnen mit dem oberen Greiferfaden, dann folgt der untere Greiferfaden, anschließend der Faden der rechten Nadel und zum Schluss der Faden der linken Nadel.

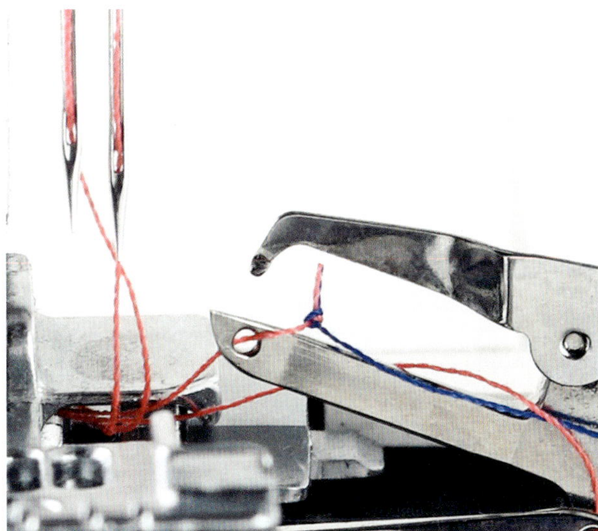

6. Die Knoten passieren leicht die beiden Greifer. Ziehen Sie den Faden, bis der neu angesetzte Faden mindestens 10 cm von Greifer entfernt ist. Den Faden hinter dem Knoten abschneiden und das Fadenende unter dem Nähfuß ablegen.

7. Vermutlich passen die Knoten nicht durch die Nadeln. Liegt ein Knoten vor einer Nadel, schneiden Sie ihn ab und fädeln ihn ein (siehe S. 41). Dann jeweils 10 cm neuen Faden unter den Nähfuß ziehen und eine neue Kette bilden (siehe S. 43).

Die Stichbildung bei einer herkömmlichen Nähmaschine

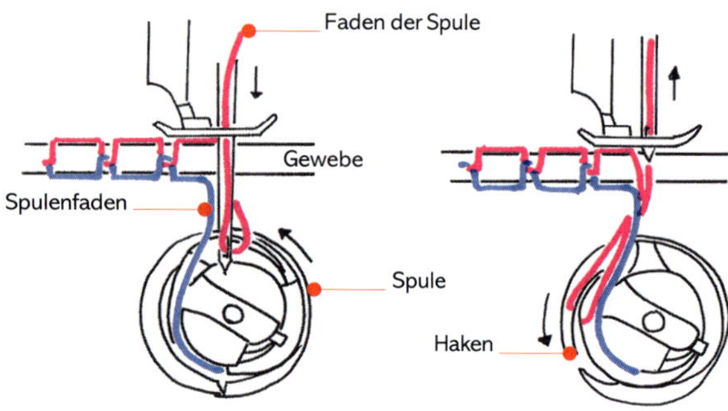

1. Die Nadel sticht in das Gewebe ein und bildet eine Schlinge mit dem Faden der Spule.

2. Die Nadel geht zurück, und der Haken der Spule erfasst den Faden der Spule.

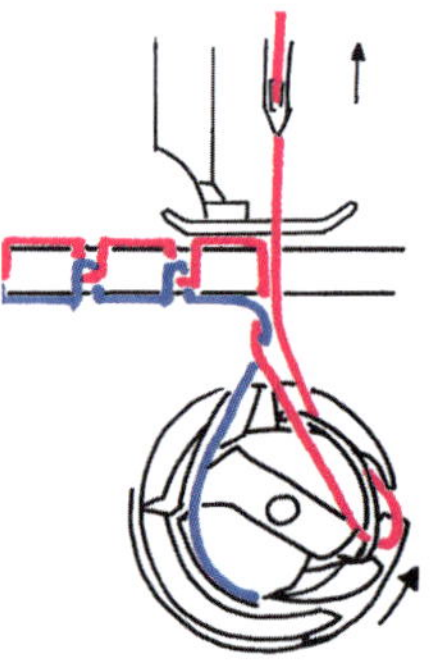

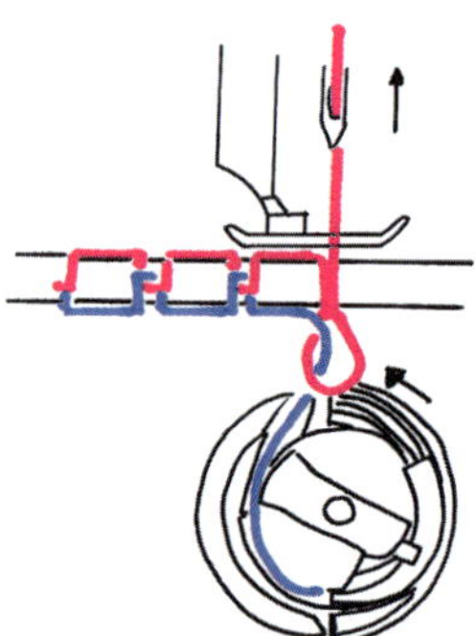

3. Die Verschlingung der Fäden ist eingeleitet, während die Nadel beginnt, wieder nach oben zu gehen.

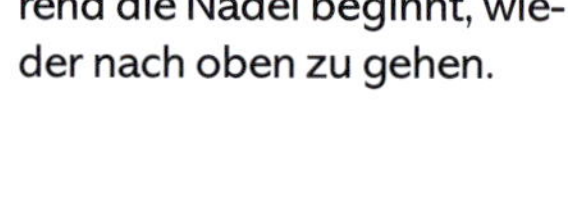

4. Beim Hochgehen zieht die Nadel den Faden der Spule und spannt den Stich auf dem Stoff.

Die Bildung eines Überwendlichstichs bei einer Overlock

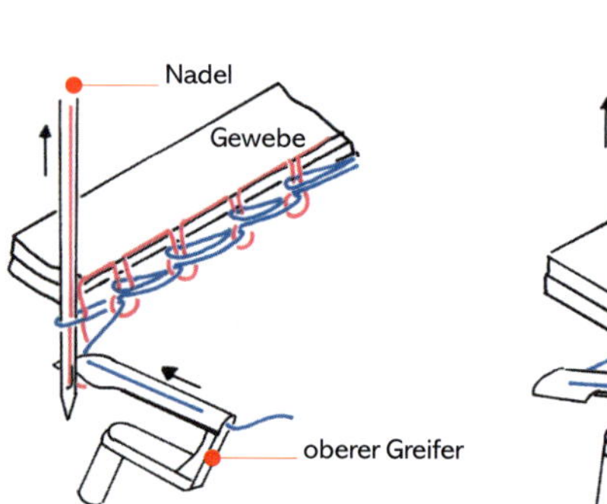

1. Der Kopf des Greifers schiebt sich in die Schlinge, die mit dem Oberfaden gebildet wird.

2. Die Nadel geht wieder nach oben, und der Greifer zieht den Unterfaden in die neu gebildete Schlinge.

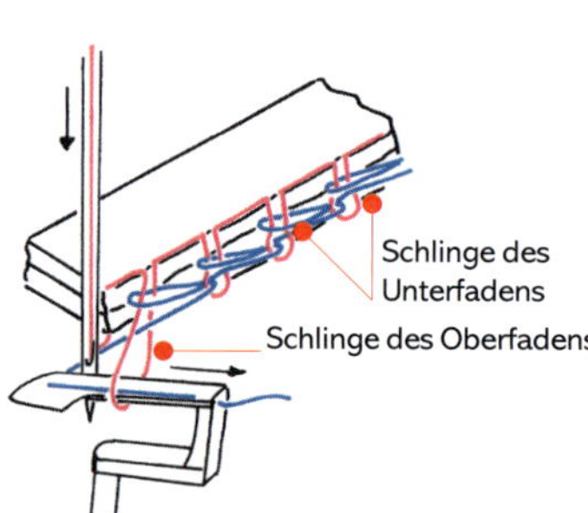

3. Die Nadel sticht in das Gewebe ein, um einen neuen Stich zu bilden. Ihre Spitze geht hinter dem Greifer herunter und bildet mit dem Unterfaden der Schlinge den Stich.

4. Der Greifer geht zurück, und die Schlinge des Stichs wird durch die Nadel gehalten. Der Stich hat sich gebildet.

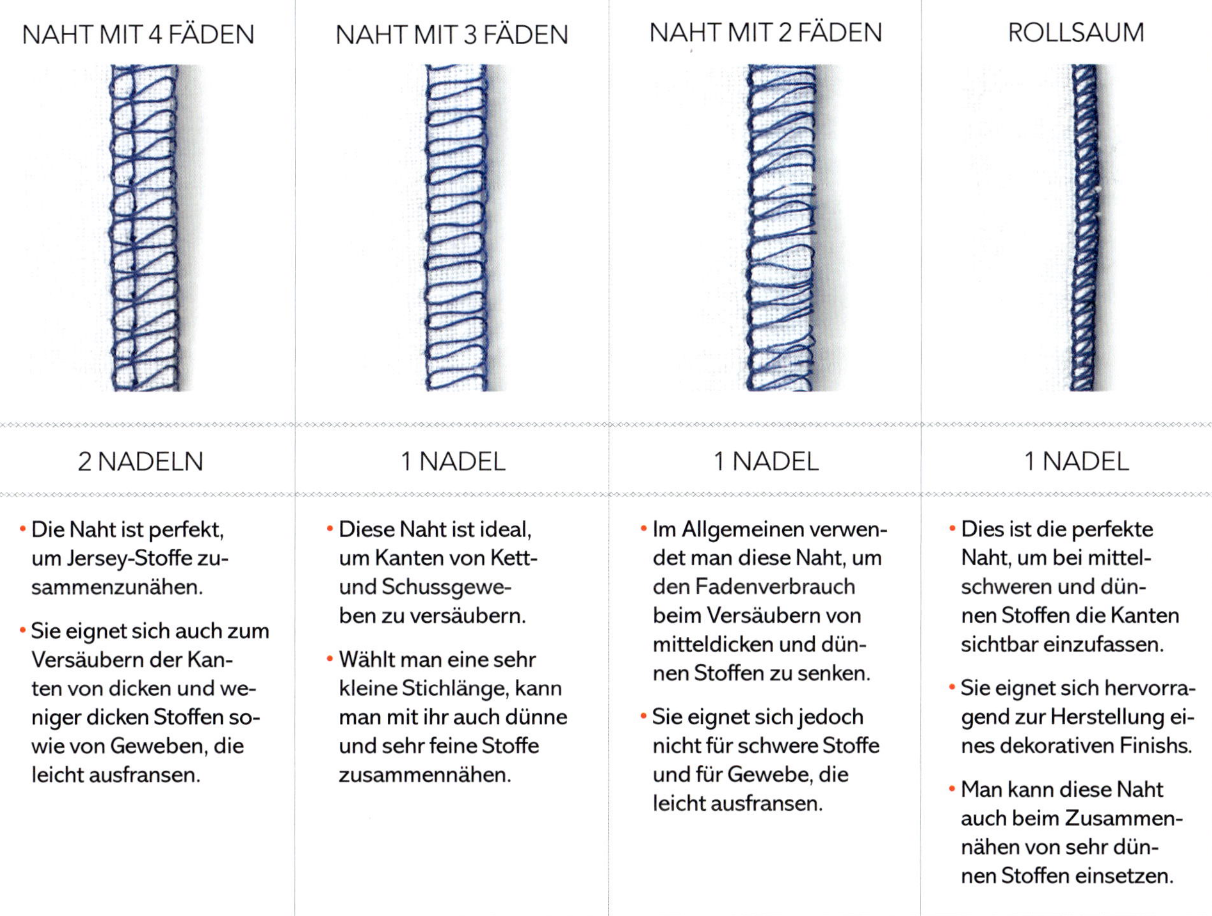

NAHT MIT 4 FÄDEN	NAHT MIT 3 FÄDEN	NAHT MIT 2 FÄDEN	ROLLSAUM
2 NADELN	1 NADEL	1 NADEL	1 NADEL
• Die Naht ist perfekt, um Jersey-Stoffe zusammenzunähen. • Sie eignet sich auch zum Versäubern der Kanten von dicken und weniger dicken Stoffen sowie von Geweben, die leicht ausfransen.	• Diese Naht ist ideal, um Kanten von Kett- und Schussgeweben zu versäubern. • Wählt man eine sehr kleine Stichlänge, kann man mit ihr auch dünne und sehr feine Stoffe zusammennähen.	• Im Allgemeinen verwendet man diese Naht, um den Fadenverbrauch beim Versäubern von mitteldicken und dünnen Stoffen zu senken. • Sie eignet sich jedoch nicht für schwere Stoffe und für Gewebe, die leicht ausfransen.	• Dies ist die perfekte Naht, um bei mittelschweren und dünnen Stoffen die Kanten sichtbar einzufassen. • Sie eignet sich hervorragend zur Herstellung eines dekorativen Finishs. • Man kann diese Naht auch beim Zusammennähen von sehr dünnen Stoffen einsetzen.

Die Stichbreite definiert die Breite zwischen der Stoffkante und dem Faden der linken Nadel. Dieser Abstand ist variabel. Im Allgemeinen stellt man bei der Overlock die Stichbreite nach der Dicke des Gewebes ein: sehr breit für dickere Materialien, durchschnittlich für mittelschwere Materialien und schmal für dünne Stoffe.

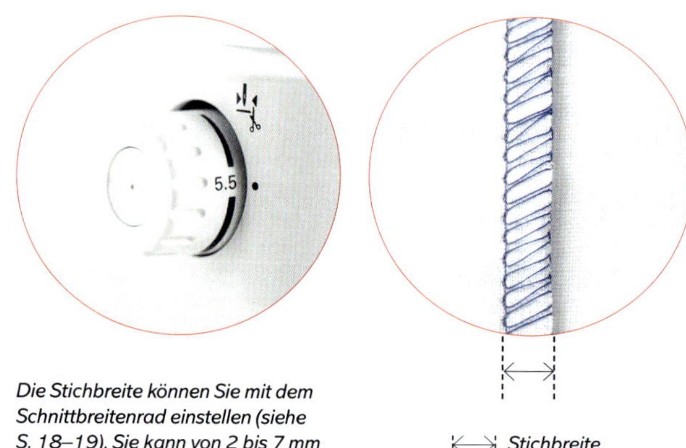

Die Stichbreite können Sie mit dem Schnittbreitenrad einstellen (siehe S. 18–19). Sie kann von 2 bis 7 mm variieren.

Stichbreite

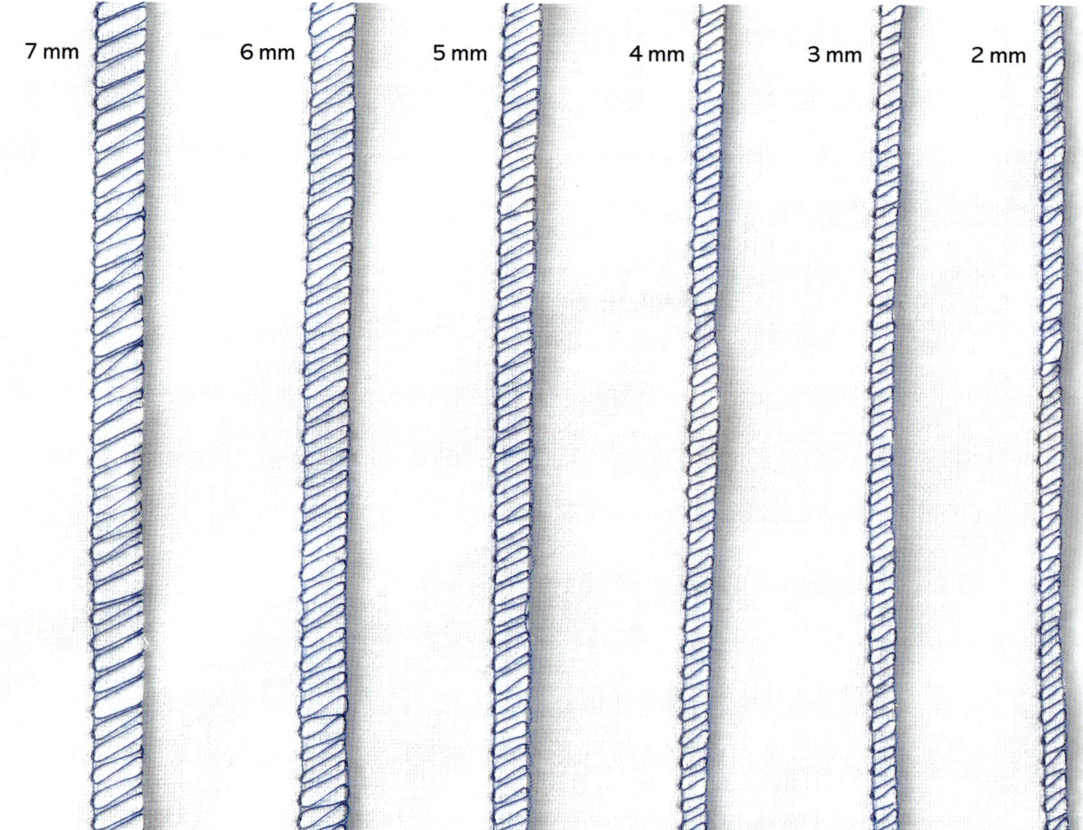

LÄNGE DER STICHE

Für die meisten Gewebe wird die mittlere Stichlänge empfohlen. Doch für dicke Stoffe ist es am besten, eine ziemlich große Stichlänge zu wählen, die Greiferfäden können so den Stoff leichter einfassen. Es ist auch möglich, die Stichlänge zu ändern, um dekorative Effekte zu erzeugen. So stellt man die Stichlänge für einen Rollsaum auf das Minimum ein.

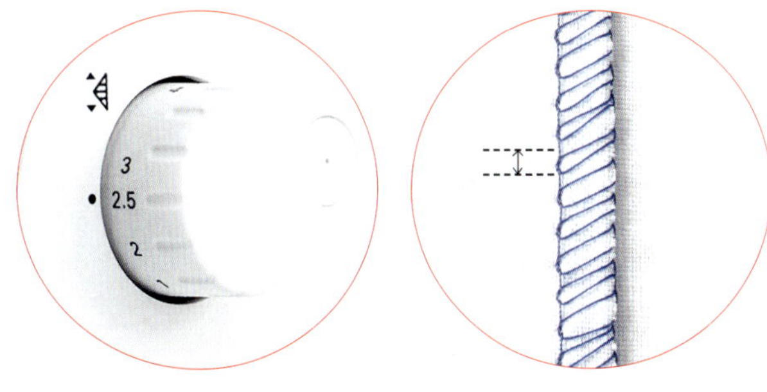

Die Stichlänge stellen Sie mit dem Stichlängenrad (siehe S. 16–17) ein. Die Stichlänge kann zwischen 1 und 4 mm variieren.

Stichlänge

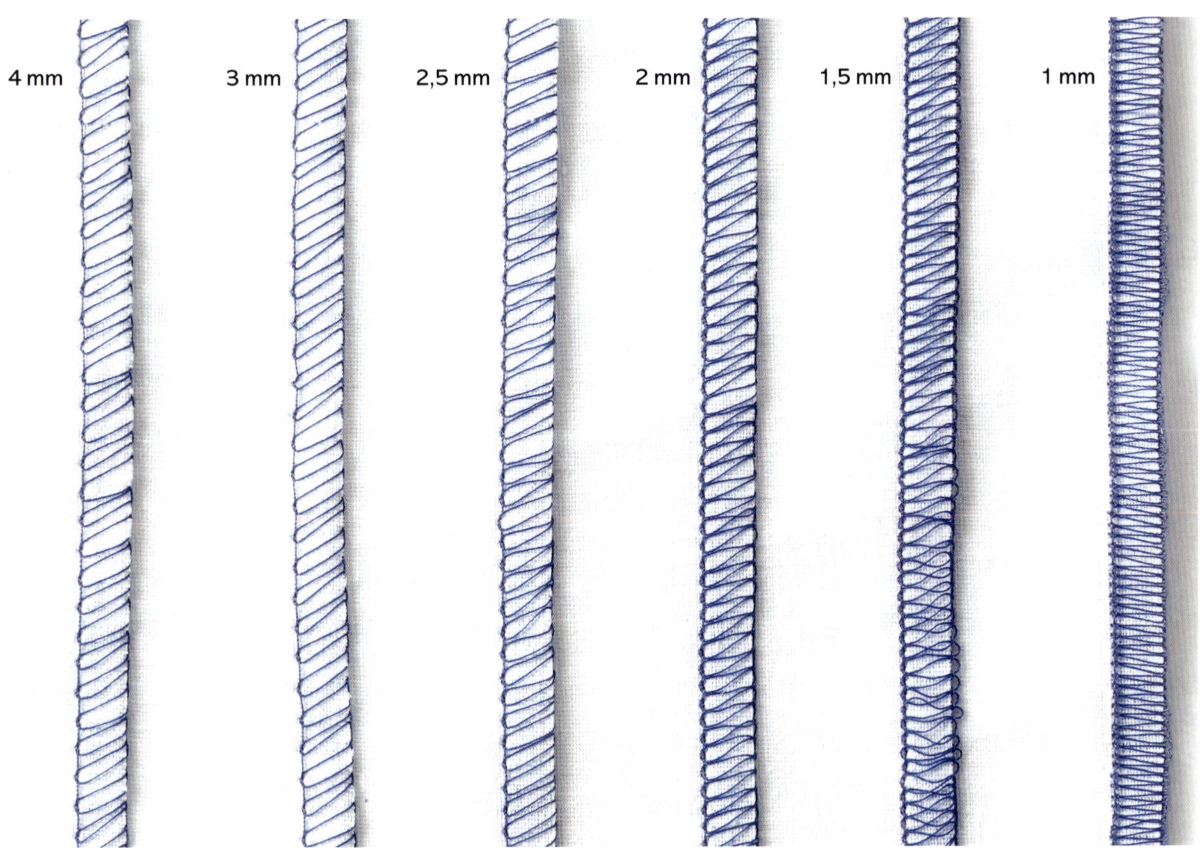

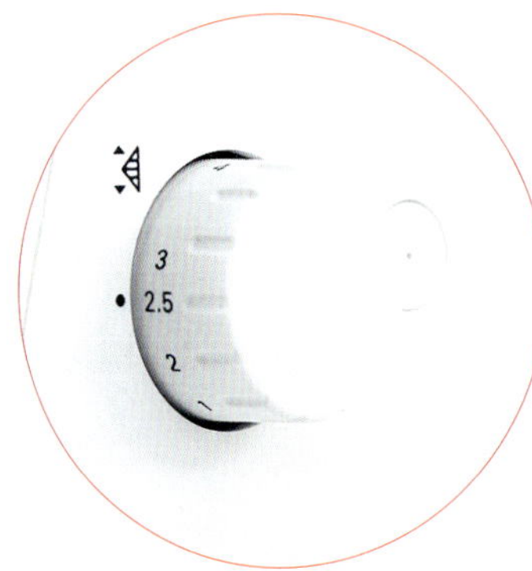

Durch das Ändern von Länge und Breite der Stiche, die unabhängig voneinander eingestellt werden, können Sie eine unendliche Anzahl von unterschiedlichen Stichen erzeugen, und umso mehr, wenn Sie mit zwei, drei oder vier Fäden arbeiten. Fertigen Sie immer eine Probenaht mit dem Stoff an, den Sie verarbeiten wollen, um den Stich anzupassen.
Sehen Sie hierzu auch die Beispiele für die Nähte mit vier Fäden, die mit verschiedenen Breiten- (siehe S. 50) und Längeneinstellungen (siehe S. 51) genäht wurden.

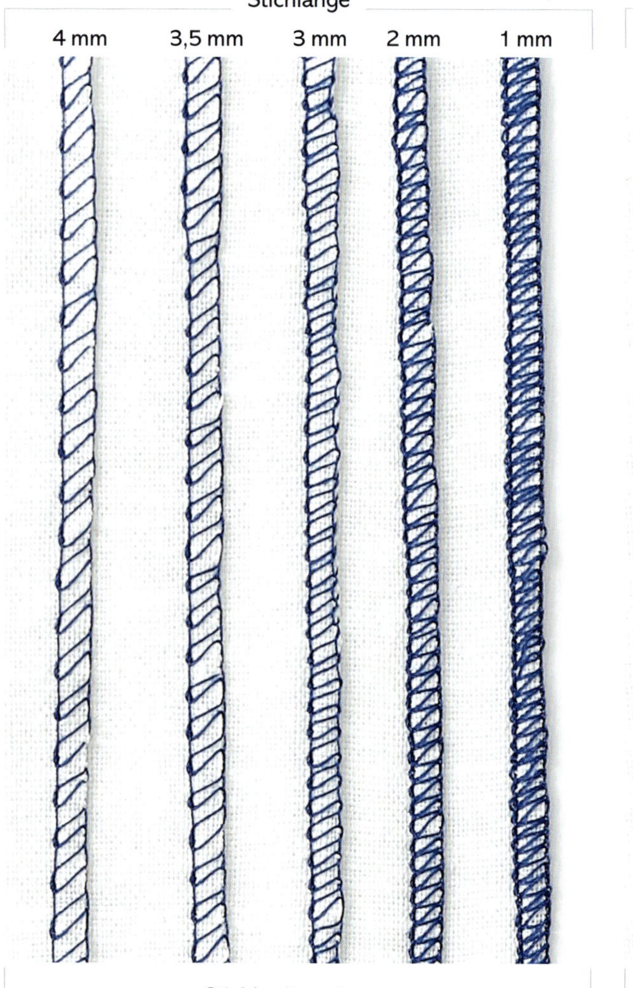

Stichbreite = 2 mm

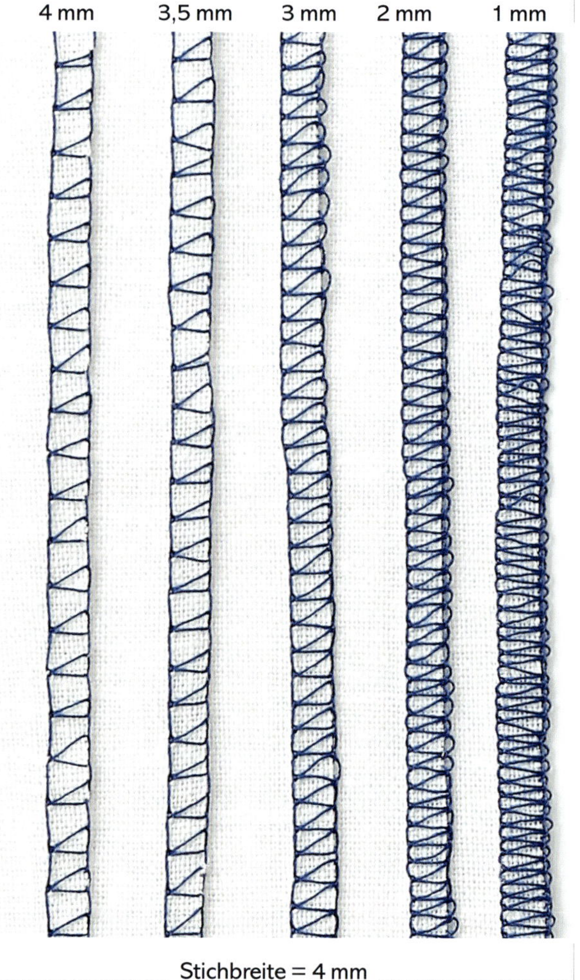

Stichbreite = 4 mm

Für die perfekte Anpassung von Stichlänge und -breite müssen Sie Nähproben anfertigen. Führen Sie diese Tests immer mit dem Stoff durch, mit dem Sie später nähen möchten, und passen Sie die Sticheinstellungen entsprechend dem Resultat an. Um ein optimales Ergebnis zu erzielen, sollten Sie beim Probenähen dieselbe Anzahl von Stofflagen verwenden wie bei Ihrem Nähprojekt. Sie müssen auch bedenken, dass die Dicke des Gewebes für die Einstellungen eine große Rolle spielt. Je dicker ein Gewebe ist, umso größer müssen Länge und Breite der Stiche gewählt werden. Sind die Stoffe dünner, erfordert es eine kleinere Länge und Breite der Stiche. Wenn Sie mithilfe Ihrer Probestücke auf Ihrer Overlock die richtigen Einstellungen gefunden haben, übernehmen Sie diese Einstellungen für Ihr Nähprojekt. Auf diese Weise erleichtern Sie sich den Rest der Arbeit.

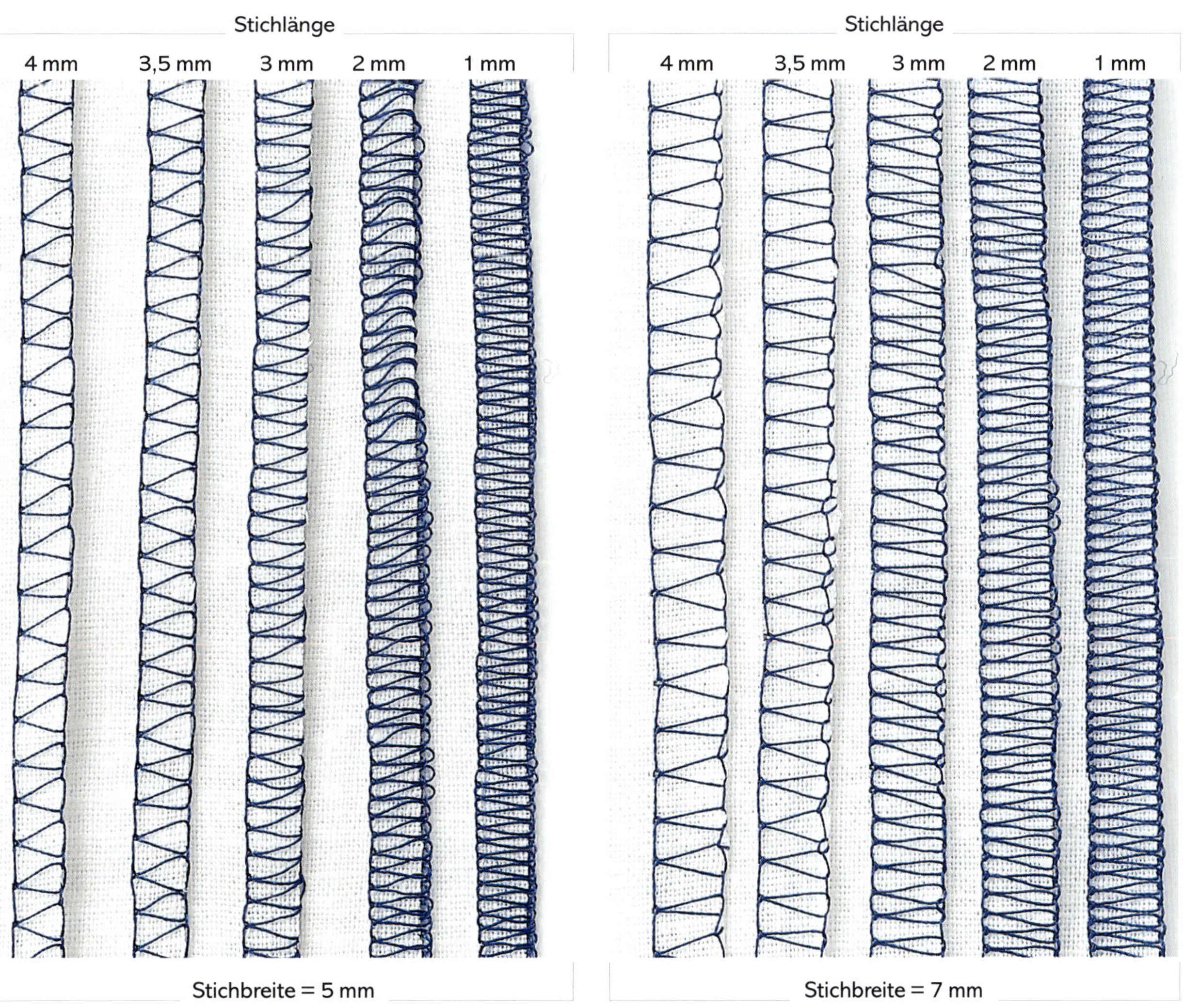

Die Overlock ist mit zwei hintereinanderliegenden Transporteuren ausgestattet, die es der Maschine ermöglichen, den Stoff nach und nach mit dem Fortschreiten der Naht nach hinten zu transportieren. Bewegen sich die Transporteure mit derselben Geschwindigkeit, ist die Einstellung „normal". Weisen die Transporteure beim Transport des Gewebes unterschiedliche Geschwindigkeiten auf, spricht man von „Differenzialtransport". Da einige Gewebe beim Nähen mit der Overlock dazu neigen, sich zu dehnen oder sich zu kräuseln, ermöglicht es Ihnen diese Einstellung, diesen Nachteil auszugleichen. Daher ist es wichtig, dass Sie, bevor Sie ein Nähprojekt beginnen, eine Nähprobe mit einem Stück Stoff machen, um zu sehen, ob die Naht eine Einstellung des Differenzialtransports erfordert.

Stoffe, die von der Naht gedehnt werden

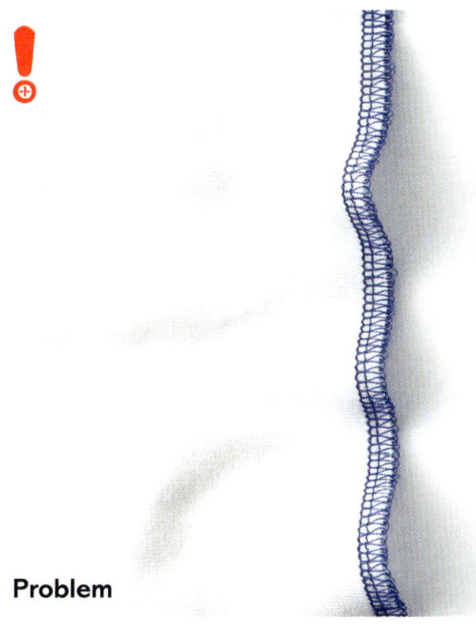

Problem

Die Transporteure der Maschine transportieren das Gewebe mit derselben Geschwindigkeit.
Der Differenzialtransport ist auf Standard eingestellt.
Stretchstoffe neigen dazu, sich beim Nähen zu dehnen.

Lösung

Damit sich elastische Stoffe während des Nähens nicht dehnen, sollten Sie den Differenzialtransport so einstellen, dass der vordere Transporteur das Gewebe schneller transportiert als der hintere. Dies bewirkt ein Einhalten des Stoffs, er wird beim Nähen nicht mehr gedehnt.

Stoffe, die von der Naht zusammengezogen werden

Problem

Die Transporteure der Maschine transportieren das Gewebe mit derselben Geschwindigkeit.
Der Differenzialtransport ist auf Standard eingestellt.
Feine Stoffe neigen dazu, sich beim Nähen zu kräuseln.

Lösung

Damit sich feine Stoffe während des Nähens nicht kräuseln, sollten Sie den Differenzialtransport so einstellen, dass der vordere Transporteur das Gewebe langsamer transportiert als der hintere. Auf diese Weise wird das Gewebe gestrafft, und der Stoff kräuselt sich nicht.

Die Overlock bietet mehrere Stiche, von denen bei einigen nur eine Nadel erforderlich ist. Aus diesem Grund, oder auch, wenn eine Nadel abbricht, muss es möglich sein, die Nadel zu entfernen oder sie auszutauschen.

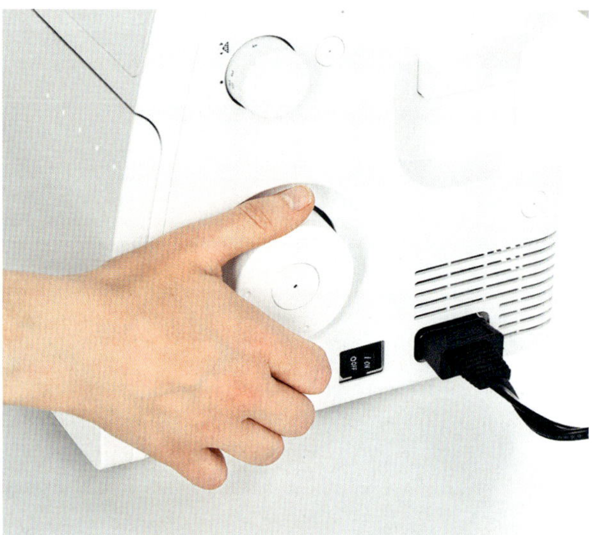

1. Schalten Sie den Hauptschalter der Maschine aus und drehen Sie das Handrad zu sich, bis die Nadeln die höchste Position eingenommen haben.

2. Legen Sie ein dickes Stück Stoff unter den Nähfuß, dann senken Sie die Nadeln wieder, sodass sie zur Hälfte im Stoff stecken. Auf diese Weise sind die Nadeln fixiert, wenn Sie später die Schrauben lösen.

3. Lösen Sie die Nadelklemmenschrauben mit dem Inbusschlüssel, entfernen Sie die Nadeln nicht, sondern halten Sie sie dabei fest. Beim Einsetzen der Nadeln in die Klemmschrauben müssen immer beide Schrauben gelöst werden.

4. Drehen Sie dann am Handrad, damit sich die Nadeln wieder in der oberen Position befinden. Nun können Sie die Nadel entfernen.

5. Um die neue Nadel einzusetzen, verwenden Sie zum Halten am besten die Öffnung im Nadeleinfädler (Maschinenzubehör). Es ist viel einfacher, als die Nadel mit der Hand zu halten, und verhindert, dass sie Ihnen aus der Hand fällt.

6. Halten Sie die Nadel mit der flachen Seite nach hinten, und führen Sie sie so weit wie möglich in die Nadelklemme ein. Nun halten Sie die Nadel an Ort und Stelle.

7. Anschließend ziehen Sie die Nadelklemmenschrauben mit dem Inbusschlüssel fest an, aber nicht zu stark, damit die Nadelklemme nicht beschädigt wird.

8. Sind beide Nadeln richtig eingesetzt, liegen sie schön gerade und parallel.

Um eine schöne Naht zu erhalten, ist es am besten, mit dem Messer die Stoffkanten zu schneiden, da so die Fäden der Greifer die Gewebekante sauber umschließen. In einigen Fällen empfiehlt es sich jedoch, das Gewebe nicht zu schneiden, etwa wenn man bei einer rund geschlossenen Naht (wie beim Ärmelbündchen) an die Ausgangsstelle zurückkommt, oder beim Nähen mit Spezialgarnen. In diesem Fall deaktivieren Sie das bewegliche Obermesser.

Im Allgemeinen wird empfohlen, mit 2 mm Abstand zur Gewebekante zu schneiden, sodass kleine Gewebefäden mit abgeschnitten werden. Auf diese Weise erzielen Sie ein perfektes Ergebnis.

Achten Sie darauf, dass Sie während des Nähens den Stoff nicht vom Messer abrücken: Die Fäden der Greifer umfassen dann die Stoffkante nicht vollständig und können reißen. Die Naht ist nicht schön und auch nicht stabil.

Bei einer runden geschlossenen Naht sollten Sie den Stoff nicht schneiden, wenn Sie zum Anfang der Naht zurückkommen. Deaktivieren Sie das Messer, bevor Sie erneut am Nahtbeginn ankommen (siehe S. 82–84).

Hier wurde das Messer deaktiviert, der Rand des Gewebes wird nicht geschnitten. Das Ergebnis ist nicht schön.

Das Messer der Overlock kann ausgeschaltet werden. Hierzu wird das Obermesser deaktiviert.

1. Schalten Sie den Hauptschalter der Maschine aus und öffnen Sie die vordere Abdeckung.

2. Drehen Sie das Handrad so weit zu sich, bis sich das Obermesser in seiner höchsten Position befindet.

3. Ziehen Sie den Knopf unten am Messer so weit wie möglich nach rechts.

4. Drehen Sie den beweglichen Messerknopf gegen den Uhrzeigersinn.

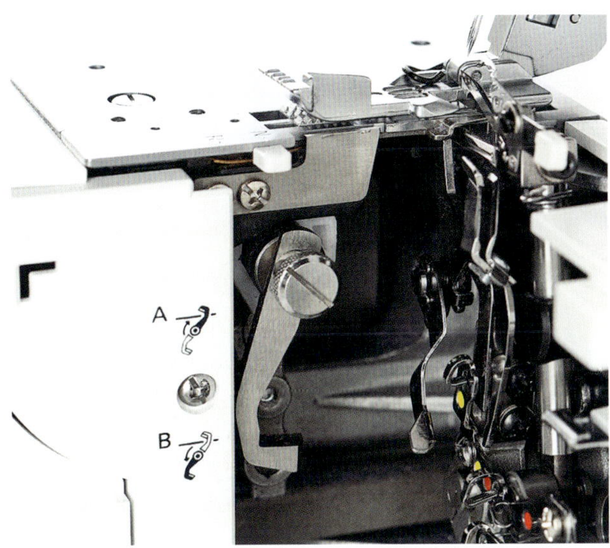

5. Wenn das Messer unten positioniert ist, ist es deaktiviert. Lassen Sie dann die Taste los.

6. Um das Messer wieder zu aktivieren, ziehen Sie den beweglichen Knopf unten am Messer so weit wie möglich zu sich hin.

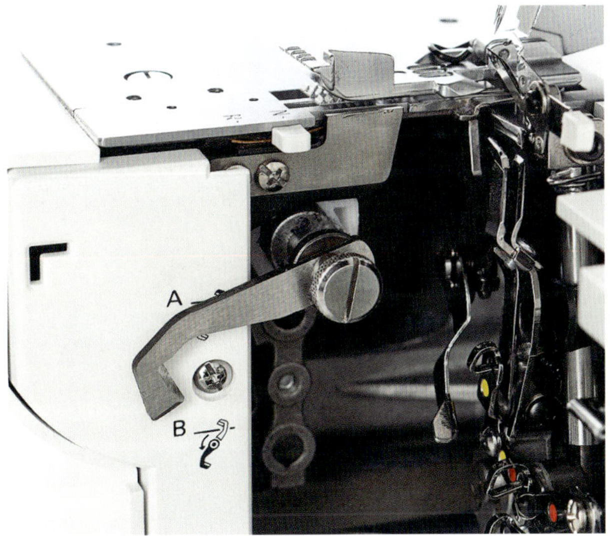

7. Dann drehen Sie den Knopf im Uhrzeigersinn, bis das Messer in der Schneideposition einrastet.

TIPPS

Wenn Sie sehen, dass die Gewebekante nicht richtig oder unregelmäßig geschnitten ist, überprüfen Sie die Messer. Wenn ein oder sogar beide Messer beschädigt sind, sollten Sie das eine oder beide ersetzen.

Das Schneiden mit den Messern erzeugt eine Menge Flusen und Staub. Säubern Sie daher regelmäßig die Greifer und die Messer mit einem kleinen Pinsel. Vergessen Sie auch nicht, die Overlock auszuschalten, bevor Sie mit der Reinigung beginnen.

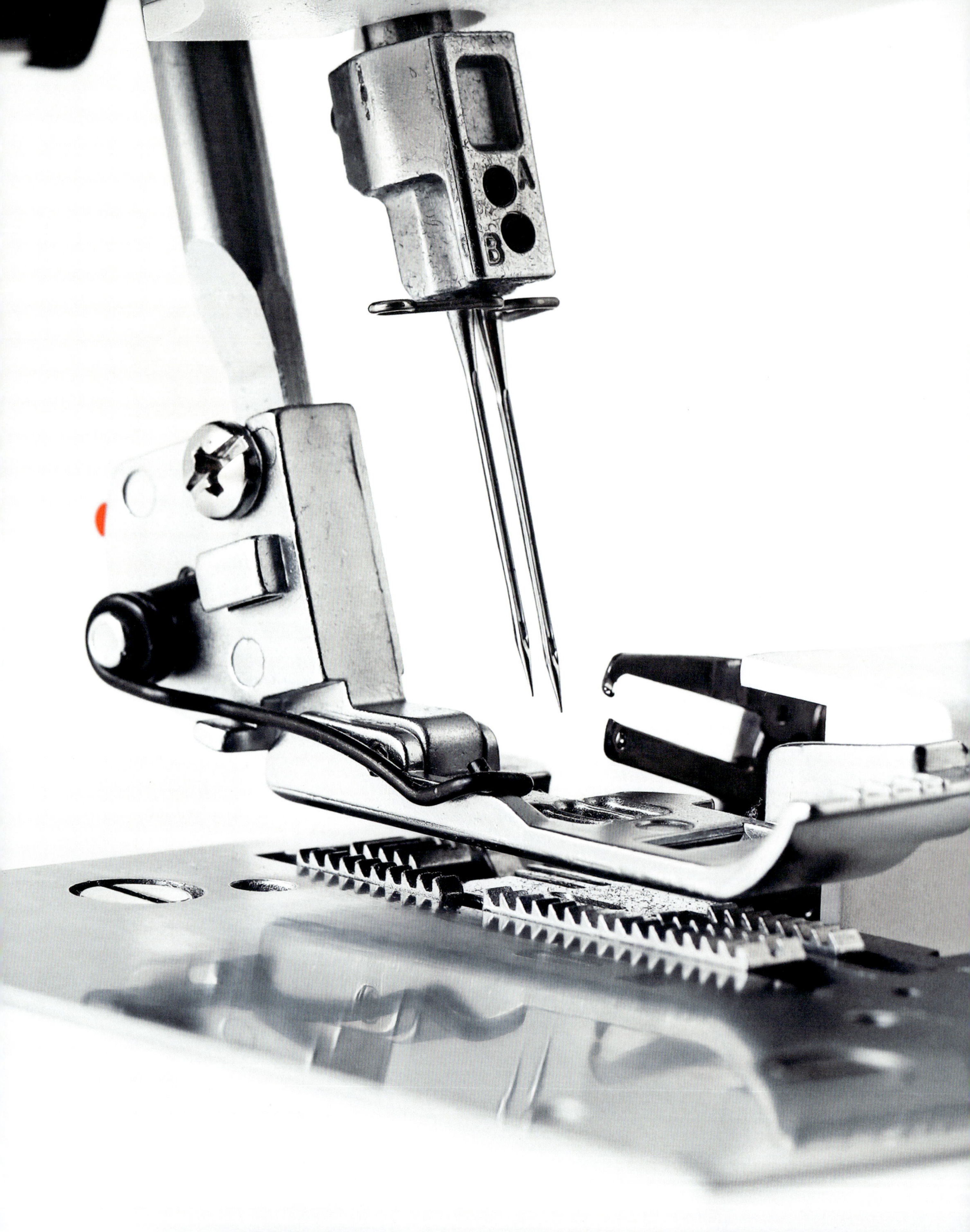
A
B

Es gibt mehrere Nähfüße für spezielle Effekte, zum Beispiel einen zum Nähen von Blindsaum oder einen, um ein Gummiband anzunähen. Den Nähfuß zu wechseln ist kein großer Aufwand und geht schnell.

1. Heben Sie den Nähfuß durch Absenken des Nähfußhebers hinten an der Maschine an. Dann betätigen Sie die Taste hinten am Nähfußhalter, um den Nähfuß zu lösen.

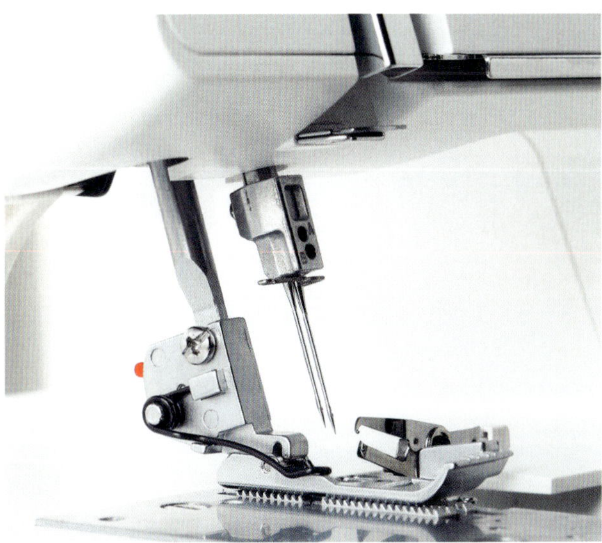

2. Wenn Sie nun den Nähfuß in die Position „Nähfuß-Extrahub" anheben (Herunterdrücken des Nähfußhebers), ist der Nähfuß frei. Jetzt setzen Sie den neuen Nähfuß mit dem Stift direkt unter der Einkerbung an der Nähfußhalterung ein.

3. Zum Schluss senken Sie den Nähfuß ab und betätigen die rote Taste hinten am Nähfußstangenhalter. Und schon rastet der Nähfuß ein.

PFAFF
hobbylock 2.5

TIPPS UND TRICKS
64
99
BEIM NÄHEN

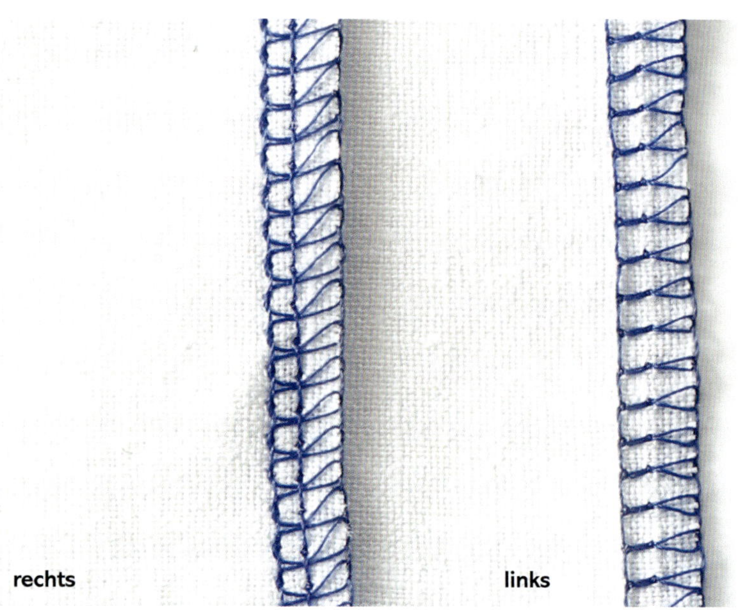

Der Überwendlichstich mit vier Fäden wird auch als Overlockstich bezeichnet. Wenn der Stich mit vier Fäden gut eingestellt ist, haben alle Fäden dieselbe Spannung, und der Stoff bleibt flach und kräuselt sich nicht. Die beiden Fäden der Nadeln bilden Geradstiche, und die Fäden der Greifer umschlingen das Gewebe genau an der Stoffkante, ohne sich über die Kante zu ziehen.

Verwendung
Die 4-Faden-Überwendlichnaht ist ideal zum Zusammennähen von Jersey-Stoffen, da sie deren Elastizität bewahrt. Diese Naht ist ebenso geeignet für das Einfassen von Kanten bei dicken Stoffen und bei Geweben, die leicht ausfransen.

Beschreibung
Es handelt sich um einen breiten Überwendlichstich, da er die linke Nadel verwendet. Die Naht ist sehr haltbar.

Einfädeln
2 Nadeln und 2 Greifer

Spezialeinstellung
Unter Umständen müssen Sie den Differenzialtransport einstellen, wenn Sie mit Jersey-Stoffen arbeiten.

Um die Erklärung zu erleichtern, haben wir für die vier Fäden unterschiedliche Farben verwendet:
- **Rot = oberer Greifer**
- **Hellblau = unterer Greifer**
- **Grün = rechte Nadel**
- **Dunkelblau = linke Nadel**

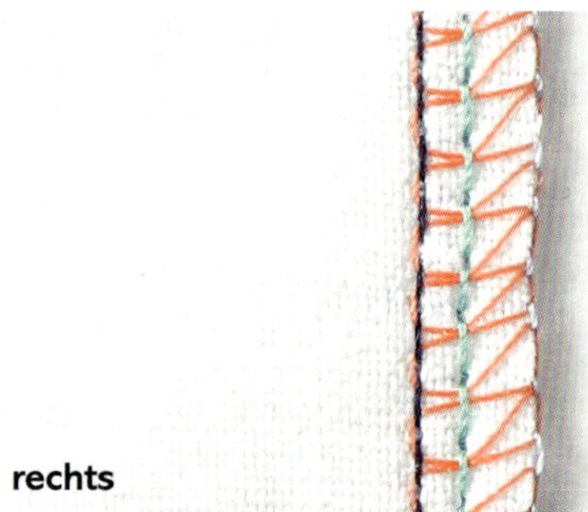

Die richtige Fadenspannung bei der 4-Faden-Überwendlichnaht

Vor dem Start
Die Spannung kann bei jedem Faden falsch eingestellt sein:
1. Stellen Sie sicher, dass alle Fäden in ihre jeweiligen Spannungsscheiben eingefädelt sind (siehe das Kapitel über Einfädeln, S. 28–41).
Wenn die Spannung eines Fadens nicht richtig eingestellt ist, bildet sich der Stich nicht richtig.
2. Wenn alle Fäden richtig eingefädelt sind, sollten Sie den Faden/die Fäden suchen, der/die nicht richtig gespannt sind.
3. Stellen Sie je nach Problem die Spannung ein und befolgen Sie dazu die unten stehenden Anweisungen.
4. Nach jeder Einstellung der Spannung sollten Sie einen Test an einem Rest des Stoffs durchführen, den Sie für Ihr Nähprojekt verwenden (die Spannung ändert sich mit der Dicke des Gewebes, das verwendet wird; es ist sehr wichtig, die Spannung für denselben Stoff wie für das Nähprojekt einzustellen).

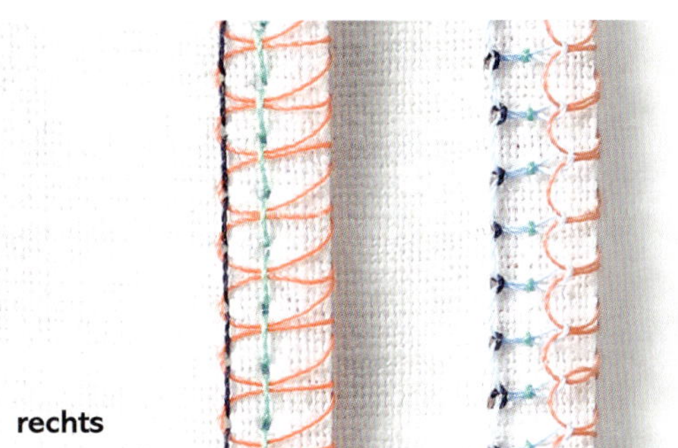
rechts links

Der Faden des oberen Greifers
Die Spannung des oberen Greiferfadens ist sehr locker (sein Faden ist auf der Stoffunterseite zu sehen). Die Spannung des unteren Greiferfadens ist vermutlich zu stark.
Lösung: Die Spannung des oberen Greiferfadens erhöhen, eventuell die Spannung des unteren Greiferfadens verringern.

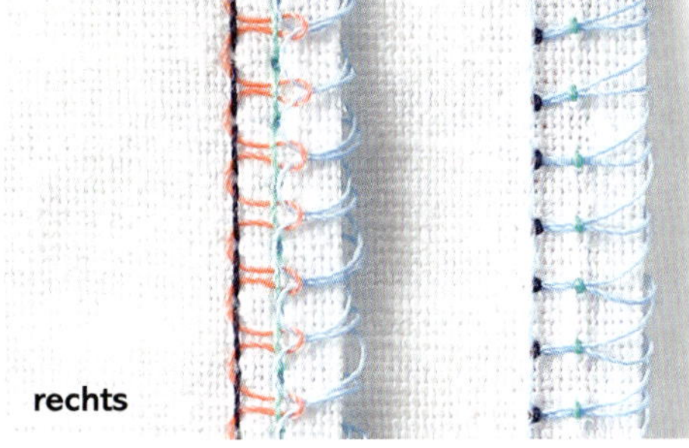
rechts links

Der Faden des unteren Greifers
Die Spannung des unteren Greiferfadens ist zu locker (sein Faden ist auf der Stoffoberseite zu sehen). Die Spannung des oberen Greiferfadens ist vermutlich zu stark.
Lösung: Die Spannung des unteren Greiferfadens erhöhen, eventuell die Spannung des oberen Greiferfadens verringern.

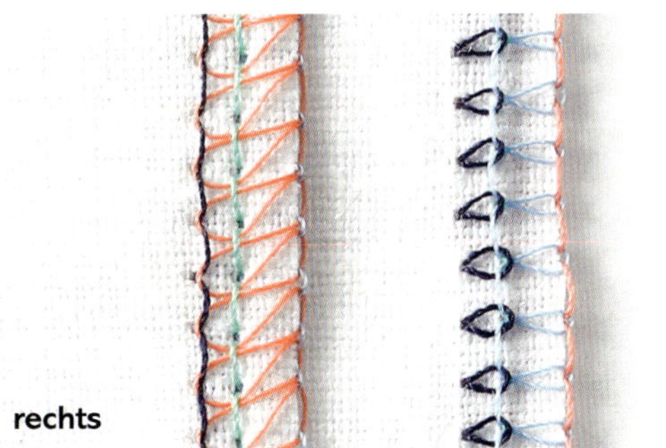
rechts links

Der Faden der linken Nadel
Die Spannung des Fadens der linken Nadel ist zu locker, und der Faden hält den Faden des unteren Greifers nicht an seiner Stelle (man sieht es auf der linken Seite).
Lösung: Erhöhen Sie die Spannung beim Faden der linken Nadel und verringern Sie eventuell die Spannung des unteren Greiferfadens.

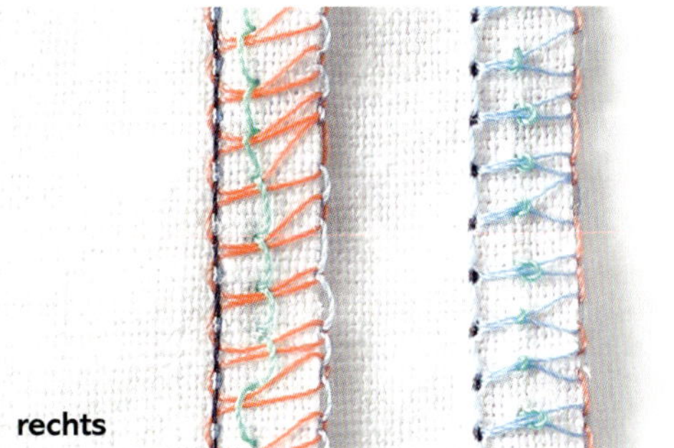
rechts links

Der Faden der rechten Nadel
Die Spannung beim Faden der rechten Nadel ist zu locker. Auf der Oberseite und auf der Unterseite des Gewebes bilden sich bei der Naht Schlingen.
Lösung: Erhöhen Sie die Spannung beim Faden der rechten Nadel.

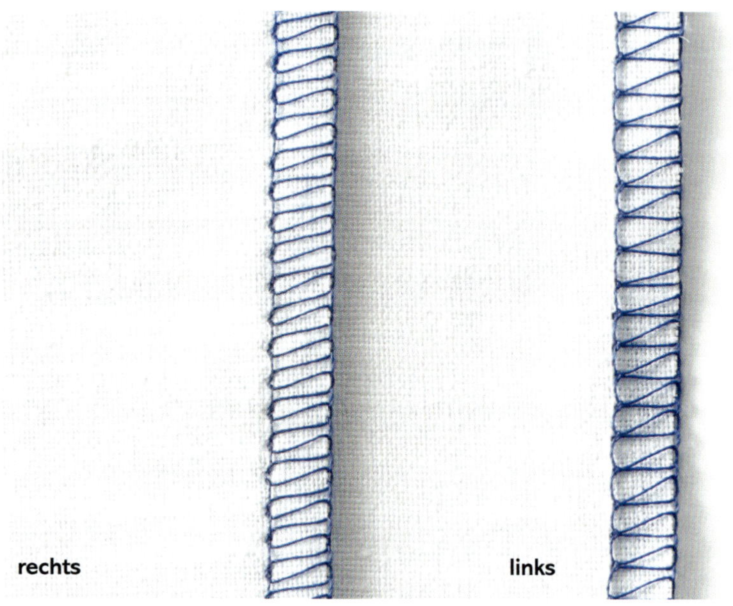

Wenn der Stich mit drei Fäden gut eingestellt ist, haben alle Fäden dieselbe Spannung, und der Stoff bleibt flach und kräuselt sich nicht. Der Faden der Nadel bildet Geradstiche, und die Fäden der Greifer umschlingen das Gewebe genau an der Stoffkante, ohne sich über die Kante zu ziehen.

Verwendung

Die 3-Faden-Überwendlichnaht eignet sich hervorragend, um die Kanten von Webstoffen zu versäubern. Sie ist auch vorgesehen zum Zusammennähen von dünnen Stoffen, vorausgesetzt, Sie stellen die Maschine auf eine sehr geringe Stichlänge ein.

Beschreibung

Dies ist ein Stich, dessen Breite und Länge erheblich variieren kann. Er ist geeignet für viele Webstoffe und verhindert, dass deren Kanten ausfransen.

Einfädeln

1 Nadel und wahlweise 2 Greifer. Wählen Sie die linke Nadel, wenn Sie einen breiten Überwendlichstich arbeiten wollen, oder die rechte Nadel, um einen schmalen Stich zu erhalten.

Spezialeinstellung

Möglicherweise müssen Sie den Differenzialtransport ändern, wenn Sie es vorziehen, mit dünnen Stoffen zu arbeiten, damit sich diese nicht verziehen.

Die richtige Fadenspannung bei der 3-Faden-Überwendlichnaht

EINSTELLUNG DER 3-FADEN-ÜBERWENDLICHNAHT

Vor dem Start
Die Spannung kann bei jedem Faden falsch eingestellt sein:

1. Stellen Sie sicher, dass alle Fäden in ihren jeweiligen Spannungsscheiben eingefädelt sind (siehe das Kapitel über Einfädeln, S. 28–41).

Wenn die Spannung eines Fadens nicht richtig eingestellt ist, bildet sich der Stich nicht richtig.

2. Wenn alle Fäden richtig eingefädelt sind, sollten Sie den Faden/die Fäden suchen, der/die nicht richtig gespannt sind.
3. Stellen Sie je nach Problem die Spannung ein und befolgen Sie dazu die unten stehenden Anweisungen.
4. Nach jeder Einstellung der Spannung sollten Sie einen Test an einem Rest des Stoffs durchführen, den Sie für Ihr Nähprojekt verwenden (die Spannung ändert sich mit der Dicke des Gewebes, das verwendet wird; es ist sehr wichtig, die Spannung für denselben Stoff wie für das Nähprojekt einzustellen).

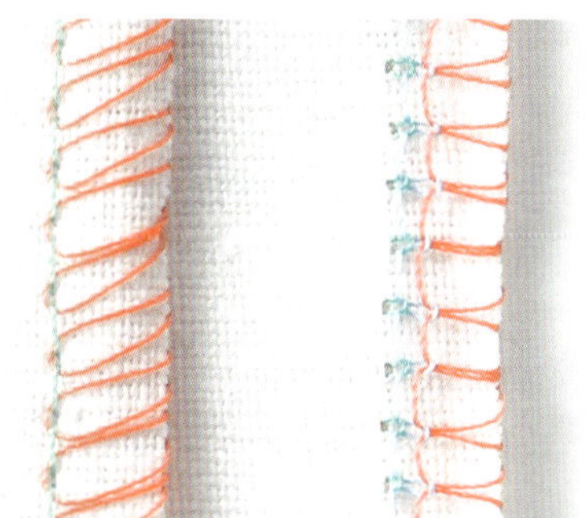

rechts links

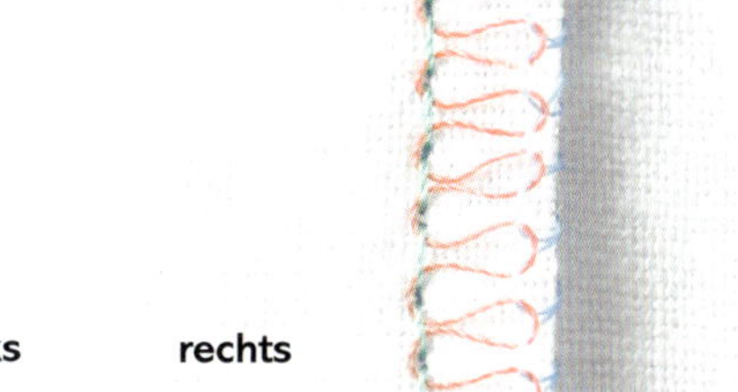

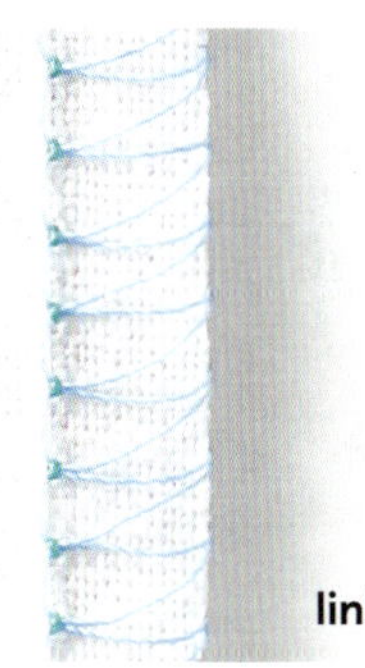

rechts links

Der Faden des oberen Greifers
Die Spannung des oberen Greiferfadens ist sehr locker (sein Faden ist auf der Stoffunterseite zu sehen). Die Spannung des unteren Greiferfadens ist vermutlich zu stark.
Lösung: Die Spannung des oberen Greiferfadens erhöhen, eventuell die Spannung des unteren Greiferfadens verringern.

Der Faden des unteren Greifers
Die Spannung des unteren Greiferfadens ist zu locker (sein Faden ist auf der Stoffoberseite zu sehen). Die Spannung des oberen Greiferfadens ist vermutlich zu stark.
Lösung: Die Spannung des unteren Greiferfadens erhöhen, eventuell die Spannung des oberen Greiferfadens verringern.

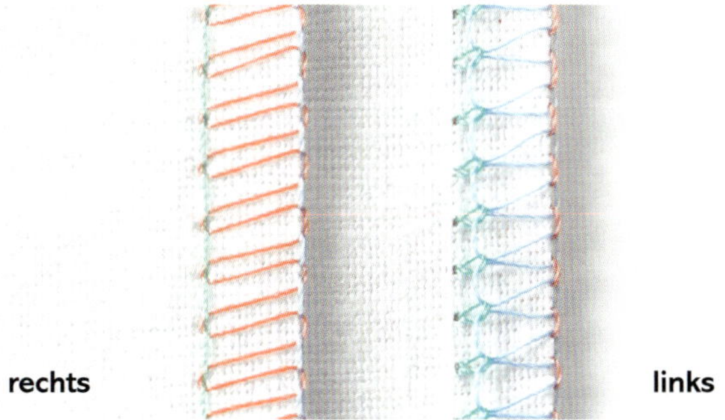

rechts links

Der Faden der Nadel
Die Spannung des Fadens der Nadel ist zu locker, und der Faden hält den Faden des unteren Greifers nicht an seiner Stelle (man sieht es auf der linken Seite).
Lösung: Erhöhen Sie die Spannung beim Faden der Nadel und, falls erforderlich, senken Sie die Spannung des unteren Greiferfadens.

Um die Erklärung zu erleichtern, haben wir für die drei Fäden unterschiedliche Farben verwendet:

- **Rot = oberer Greifer**
- **Hellblau = unterer Greifer**
- **Grün = rechte Nadel**

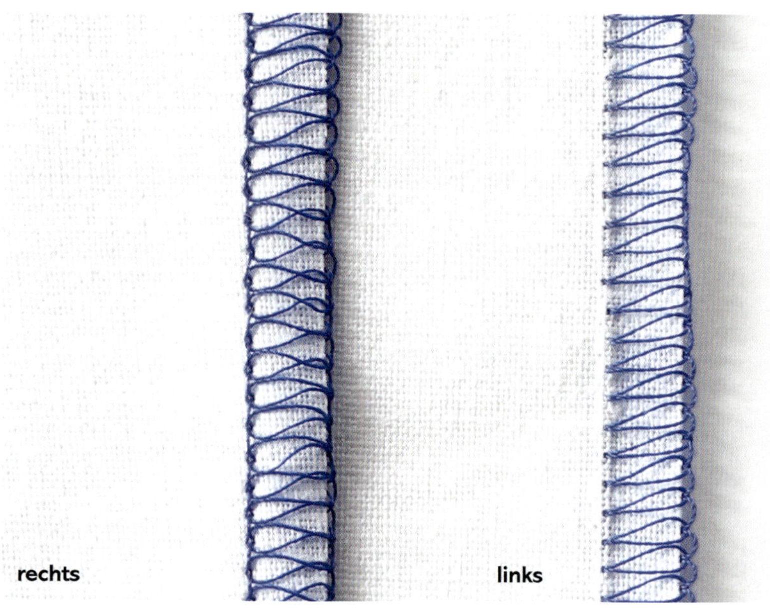

Wenn der Stich mit zwei Fäden gut eingestellt ist, haben die Fäden dieselbe Spannung, und der Stoff bleibt flach und kräuselt sich nicht. Der Faden der Nadel bildet auf der rechten Seite Schlingen, und der Faden des unteren Greifers bedeckt den Stoff auf der Unterseite. Die beiden Fäden kreuzen sich genau an der Stoffkante.

TECHNISCHE DATEN

Verwendung
Die 2-Faden-Überwendlichnaht wird eingesetzt, um beim Nähen von dünnen Stoffen den Fadenverbrauch zu reduzieren. Sie ist jedoch nicht geeignet für schwere Stoffe und solche, die leicht ausfransen.
Beschreibung
Es ist ein eher schwacher Stich, der vor allem verwendet wird, um weniger Nähgarn zu verbrauchen.
Einfädeln
1 Nadel wahlweise und der untere Greifer
Spezialeinstellung
Blockieren Sie den oberen Greifer laut der Betriebsanleitung für Ihre Maschine.

Die richtige Fadenspannung bei der 2-Faden-Überwendlichnaht

Vor dem Start
Die Spannung kann bei jedem Faden falsch eingestellt sein:
1. Stellen Sie sicher, dass alle Fäden in ihren jeweiligen Spannungsscheiben eingefädelt sind (siehe Kapitel über Einfädeln, S. 28–41).
Wenn die Spannung eines Fadens nicht richtig eingestellt ist, bildet sich der Stich nicht richtig.
2. Wenn alle Fäden richtig eingefädelt sind, sollten Sie den Faden/die Fäden suchen, der/die nicht richtig gespannt sind.
3. Stellen Sie je nach Problem die Spannung ein und befolgen Sie dazu die unten stehenden Anweisungen.
4. Nach jeder Einstellung der Spannung sollten Sie einen Test an einem Rest des Stoffs durchführen, den Sie für Ihr Nähprojekt verwenden (die Spannung ändert sich mit der Dicke des Gewebes, das verwendet wird; es ist sehr wichtig, die Spannung für denselben Stoff wie für das Nähprojekt einzustellen).

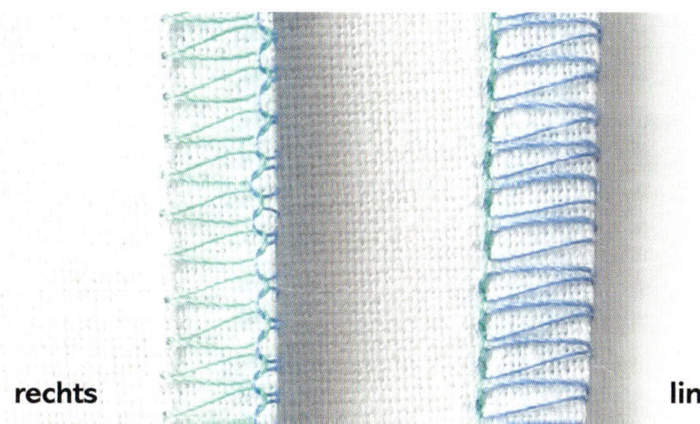

Der Faden des unteren Greifers
Die Spannung des unteren Greiferfadens ist zu locker (man sieht es auf der rechten Seite). Die Spannung des Fadens der Nadel ist vermutlich zu stark, man sieht den Faden des unteren Greifers auf der Oberseite des Stoffs.
Lösung: Erhöhen Sie die Spannung des unteren Greiferfadens und verringern Sie eventuell die Spannung des Fadens, der in der Nadel eingefädelt ist.

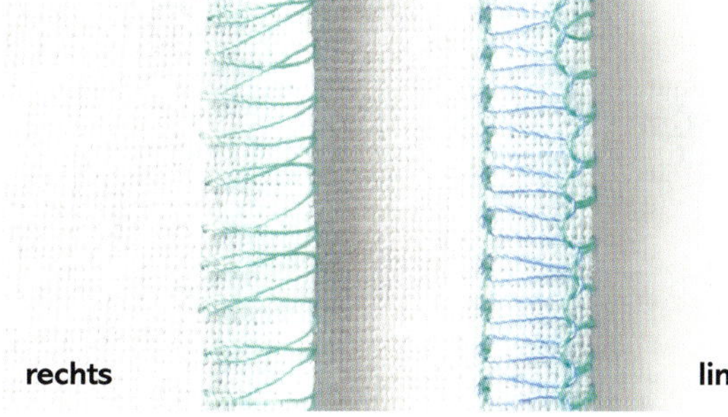

Der Faden der Nadel
Die Spannung des Fadens der Nadel ist zu locker (man sieht es auf der linken Seite). Der Faden des unteren Greifers kann zu stark eingestellt sein, und man sieht den Faden der Nadel auf der Unterseite des Stoffs.
Lösung: Erhöhen Sie die Spannung beim Faden der Nadel und verringern Sie eventuell die Spannung des unteren Greiferfadens.

Um die Erklärung zu erleichtern, haben wir für die zwei Fäden unterschiedliche Farben verwendet:
- **Hellblau = unterer Greifer**
- **Grün = rechte Nadel**

Sollte Ihre Overlock Stiche auslassen oder überspringen, kann dies mehrere Ursachen haben. Überprüfen Sie die folgenden Punkte:
- *Wechseln Sie die Nadeln, wenn sie verbogen oder stumpf sind.*
- *Ziehen Sie die Nadelklemmenschrauben fest an.*
- *Ändern Sie die Nadelgröße.*
- *Überprüfen Sie, ob alle Fäden richtig eingefädelt sind.*
- *Erhöhen oder verringern Sie die Spannung am Nähfuß.*

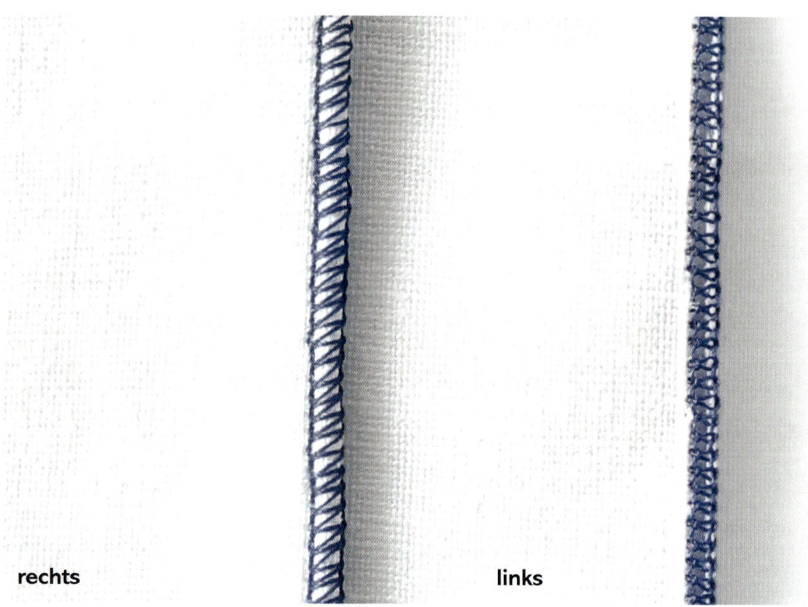

Wenn der Rollsaum gut eingestellt ist, haben alle Fäden dieselbe Spannung, und der Stoff bleibt flach und kräuselt sich nicht. Der Faden der Nadel bildet Geradstiche, und die Fäden der Greifer umschlingen das Gewebe genau an der Stoffkante, ohne sich über die Kante zu ziehen. Das Gewebe wird eingeschlagen und nach innen gerollt, was der Stoffkante ein abgerundetes Aussehen verleiht.

TECHNISCHE DATEN

Verwendung
Der Rollsaum eignet sich ausgezeichnet für die Veredelung von Kanten bei dünnen und mittelschweren Stoffen. Er wird auch zum Zusammennähen von sehr dünnen Stoffen wie Baumwolle-Voile oder Organza verwendet.

Beschreibung
Beim Rollsaum wird das Gewebe erfasst und die Kante eingerollt. Er ist sehr schmal: Die Anpassung der Stichlänge sollte so klein wie möglich sein.

Einfädeln
rechte Nadel und 2 Greifer

Spezialeinstellung
Einstellen der Länge so klein wie möglich.
Den Stichfingerhebel auf die Position „gerollt" einstellen.

Die richtige Fadenspannung beim Rollsaum

Vor dem Start
Die Spannung kann bei jedem Faden falsch eingestellt sein:
1. Stellen Sie sicher, dass alle Fäden in ihren jeweiligen Spannungsscheiben eingefädelt sind (siehe Kapitel über Einfädeln, S. 28–41).
Wenn die Spannung eines Fadens nicht richtig eingestellt ist, bildet sich der Stich nicht richtig.
2. Wenn alle Fäden richtig eingefädelt sind, sollten Sie den Faden/die Fäden suchen, der/die nicht richtig gespannt sind.
3. Stellen Sie je nach Problem die Spannung ein und befolgen Sie dazu die unten stehenden Anweisungen.
4. Nach jeder Einstellung der Spannung sollten Sie einen Test an einem Rest des Stoffs durchführen, den Sie für Ihr Nähprojekt verwenden (die Spannung ändert sich mit der Dicke des Gewebes, das verwendet wird; es ist sehr wichtig, die Spannung für denselben Stoff wie für das Nähprojekt einzustellen).

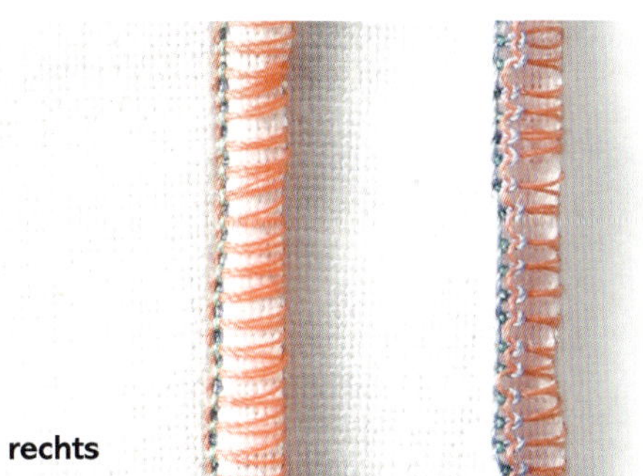
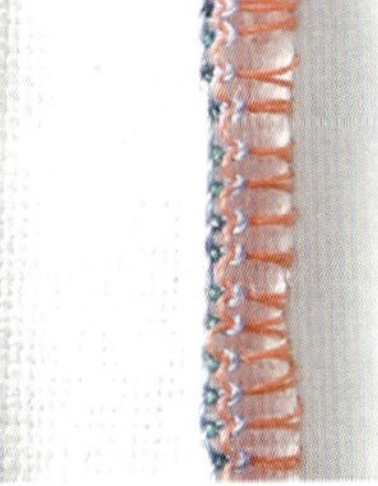

rechts links

Der Faden des oberen Greifers
Die Spannung des oberen Greiferfadens ist sehr locker (sein Faden ist auf der Stoffunterseite zu sehen). Die Spannung des unteren Greiferfadens ist vermutlich zu stark.
Lösung: Die Spannung des oberen Greiferfadens erhöhen, eventuell die Spannung des unteren Greiferfadens verringern.

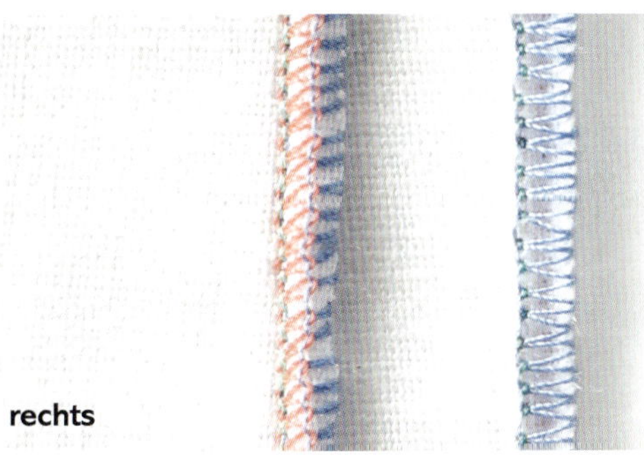

rechts links

Der Faden des unteren Greifers
Die Spannung des unteren Greiferfadens ist zu locker (sein Faden ist auf der Stoffoberseite zu sehen). Die Spannung des oberen Greiferfadens ist vermutlich zu stark.
Lösung: Die Spannung des unteren Greiferfadens erhöhen, eventuell die Spannung des oberen Greiferfadens verringern.

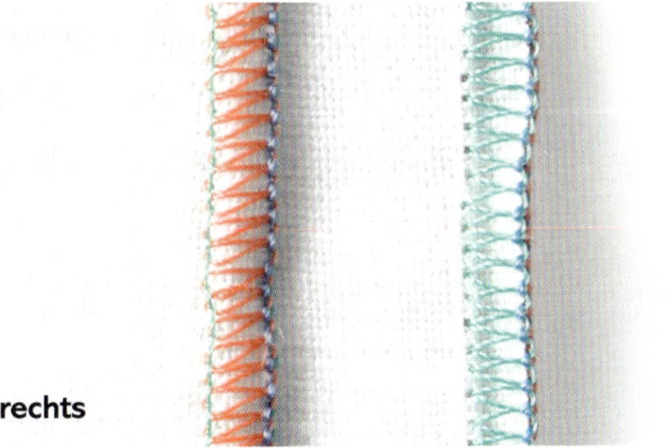

rechts links

Der Faden der Nadel
Die Spannung des Fadens der Nadel ist zu locker, und der Faden hält den Faden des unteren Greifers nicht an seiner Stelle (man sieht es auf der linken Seite).
Lösung: Erhöhen Sie die Spannung beim Faden der Nadel und verringern Sie eventuell die Spannung des unteren Greiferfadens.

Um die Erklärung zu erleichtern, haben wir für die drei Fäden unterschiedliche Farben verwendet:
- **Rot = oberer Greifer**
- **Hellblau = unterer Greifer**
- **Grün = rechte Nadel**

EINE FADENKETTE **VERNÄHEN**

Im Gegensatz zur herkömmlichen Nähmaschine kann die Overlock nicht rückwärts nähen. Überwendlichnähte oder Rollsaum beenden Sie mit einer Kette.

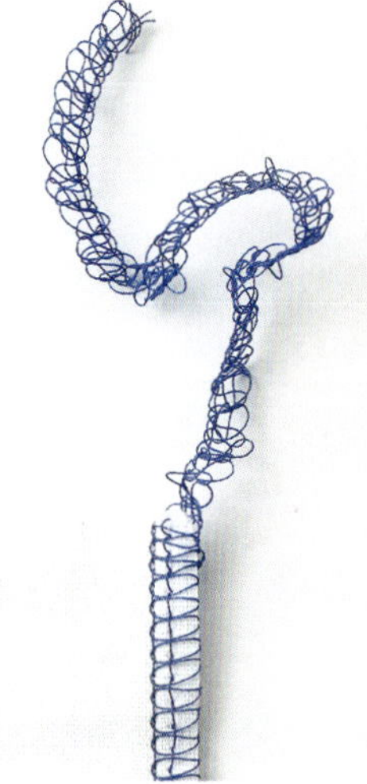

1. Um eine Naht zu beenden und um zu verhindern, dass die Naht wieder aufgeht, muss man die Fäden, die die Kette bilden, vernähen.

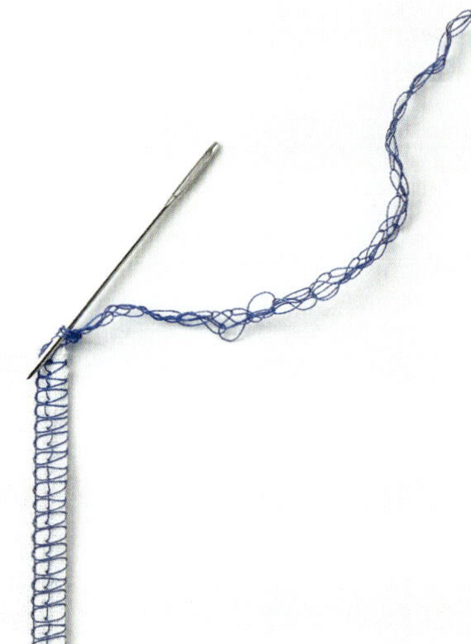

2. Machen Sie mit der Kette so nah wie möglich am Ende der Naht einen Knoten.

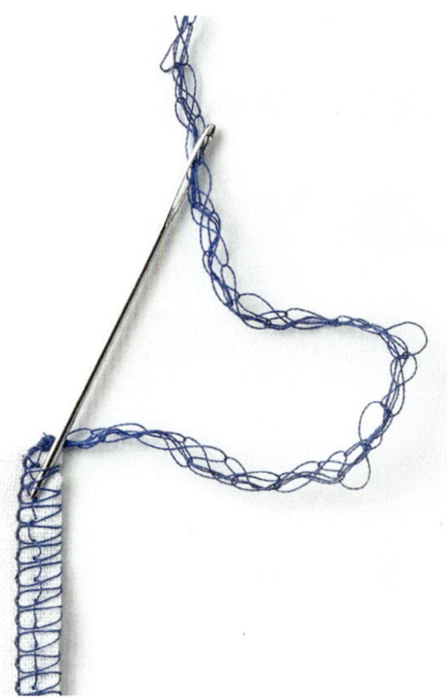

3. Fädeln Sie die Kette in eine Sticknadel mit runder Spitze und führen Sie die Kette über etwa 3 cm durch die Naht. Dann schneiden Sie die Fäden an der Naht ab.

4. Eine sauber vernähte Kette ist unauffällig, und man sieht sie kaum.

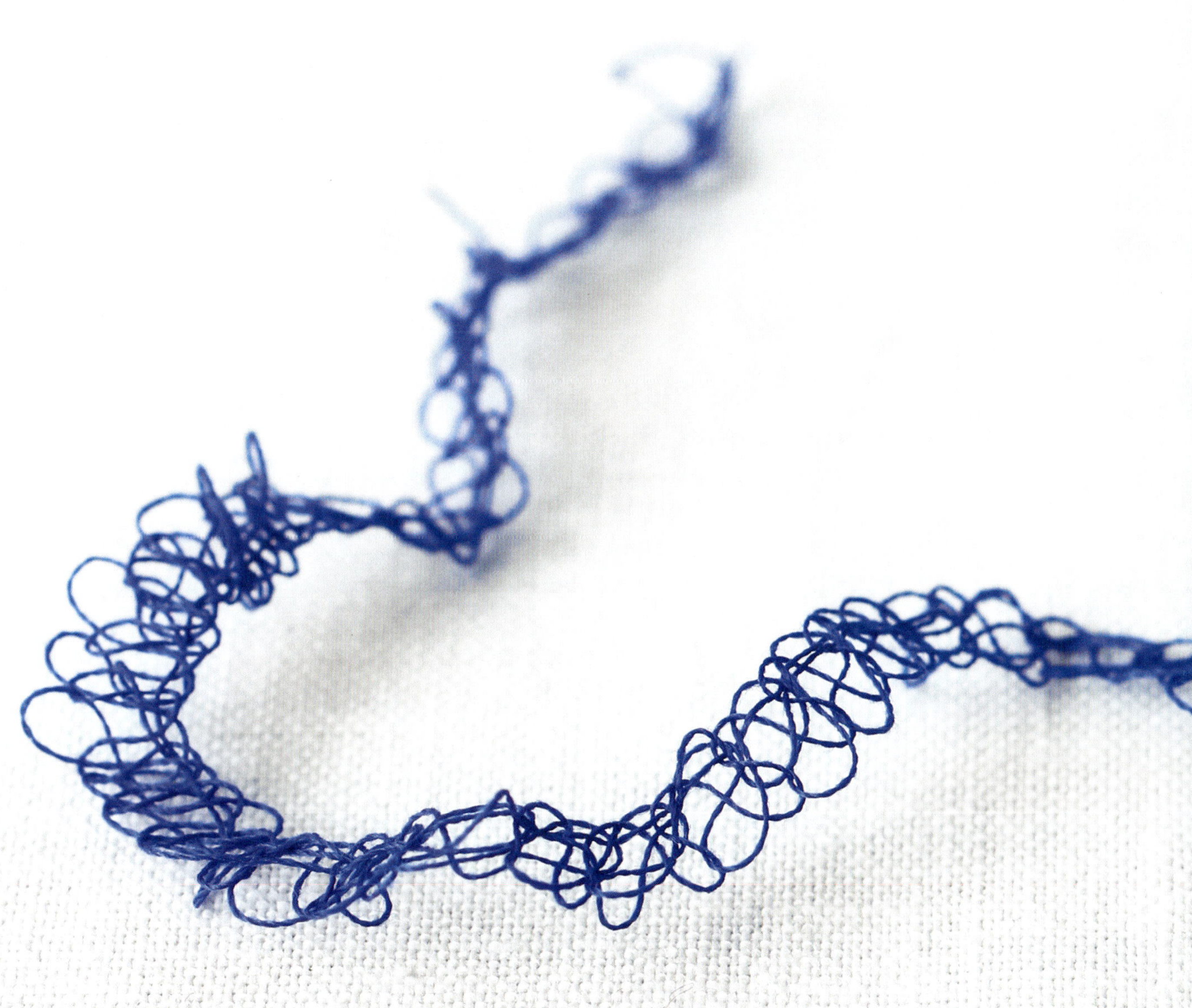

EINE ÜBERWENDLICHNAHT **AUFTRENNEN**

Um die Nähte aufzutrennen, können Sie auch einen Nahttrenner verwenden. Doch bei dünnen und empfindlichen Stoffen sollten Sie eher eine Stickschere benutzen, da Sie mit ihr weniger Gefahr laufen, in das Gewebe einzustechen oder es zu beschädigen.

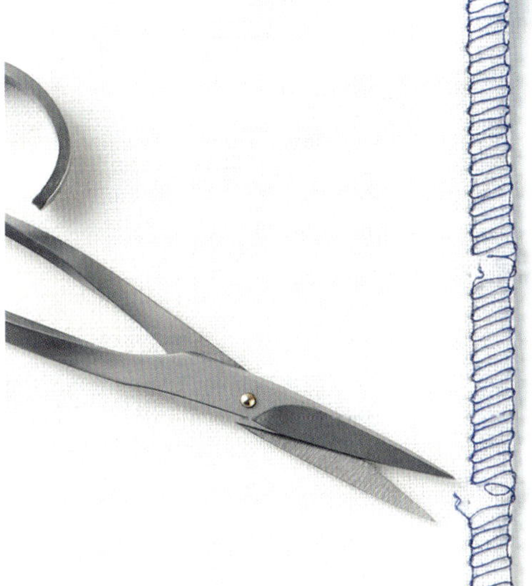

1. Alle 10 cm den Faden durchtrennen.

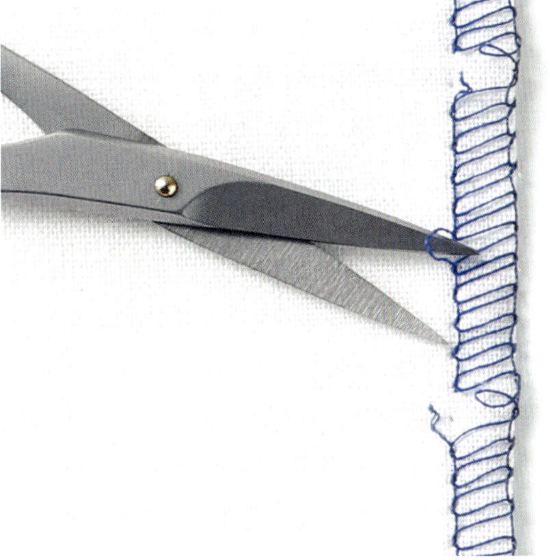

2. Ziehen Sie dann mit der Spitze eines Scherenmessers in der Mitte zwischen zwei Schnitten am Faden, der mit der Nadel angefertigt wurde.

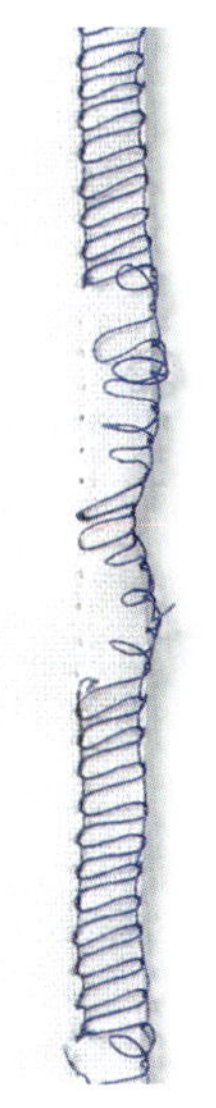

3. Es bleiben nur die Schlaufen der Greifer übrig.

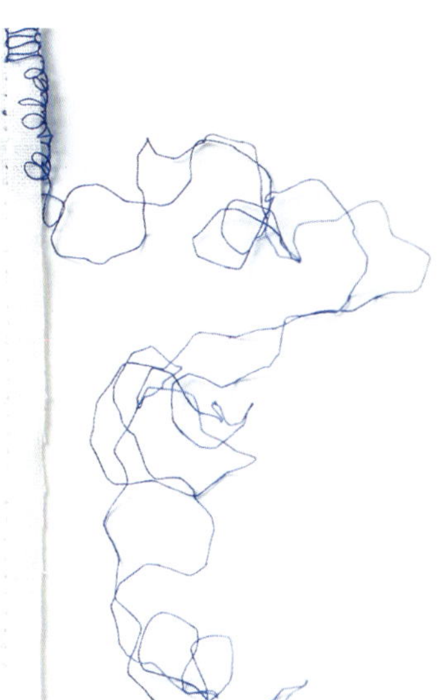

4. Ziehen Sie an den Fäden, die durch den Greifer entstanden sind, diese lassen sich leicht lösen.

EINE AUSSENECKE **NÄHEN**

Diese Technik wird häufig verwendet, um die Kanten eines einfachen rechteckigen Teils, wie bei einem Tischläufer, einem Tisch-Set oder einem Schal, anzufertigen. Die Technik lässt sich schnell meistern.

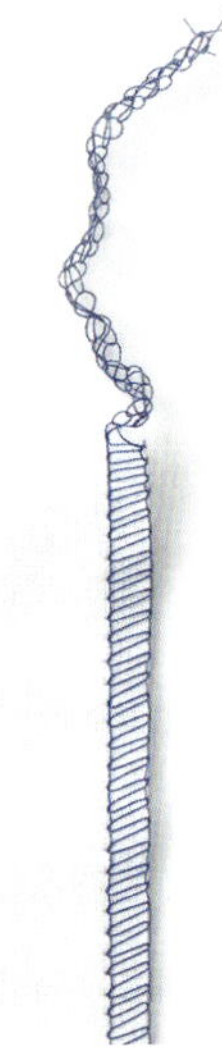

1. Beginnen Sie mit dem Nähen an einer langen Seite.

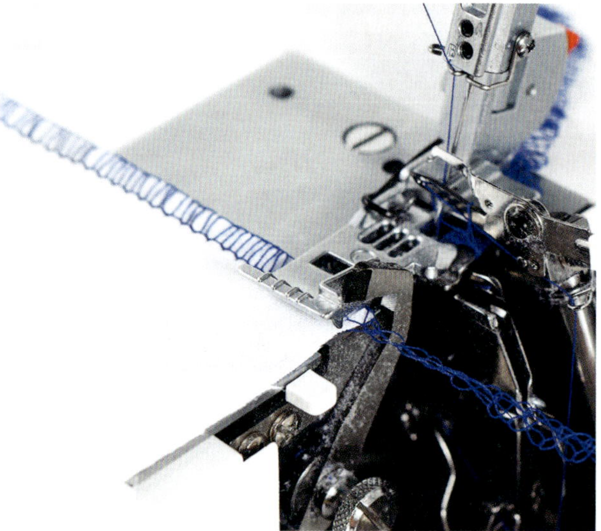

2. Entfernen Sie den Stoff unter dem Nähfuß und platzieren Sie ihn erneut so, dass Sie mit der zweiten Seite an der Ecke zu nähen beginnen. Das Messer schneidet die Kette der ersten Überwendlichnaht.

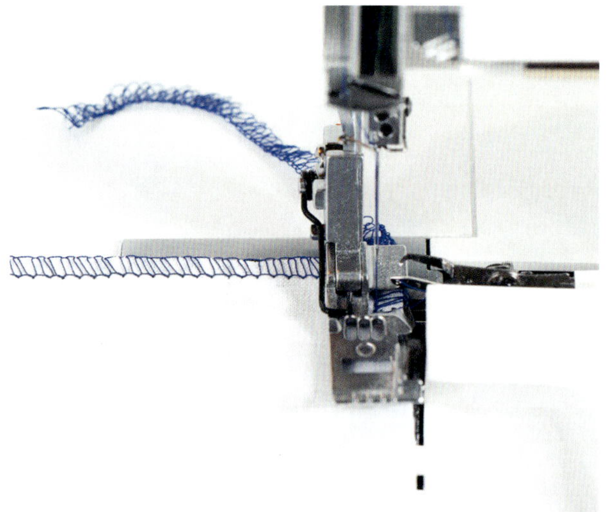

3. Nähen Sie die zweite Seite im Überwendlichstich bis zum Ende.

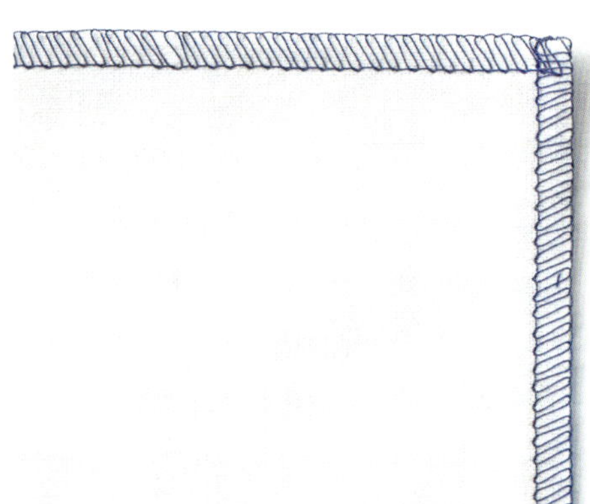

4. Zum Schluss müssen Sie nur noch die Fäden der Kette (siehe S. 74) vernähen, um eine perfekte Ecke zu erhalten.

Diese Technik setzt man ein, wenn man dekorative Ausschnitte, Mittelfalten oder die Kanten von Besätzen arbeiten möchte. Hier das Geheimnis ihres Erfolgs: Man muss lediglich den Stoff schön gerade führen und langsam nähen.

1. Bevor Sie mit der Überwendlichnaht beginnen, schneiden Sie an der Ecke 2 mm ein. Sie können auf diese Weise die Ecke auf einmal nähen, ohne dass sich Falten bilden.

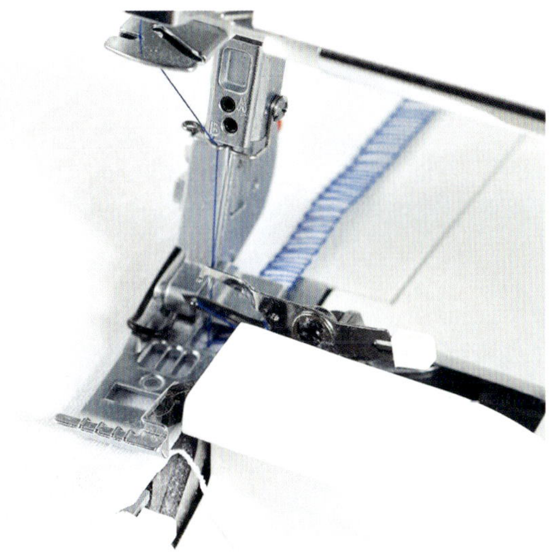

2. Nähen Sie die erste Seite in der Überwendlichnaht bis zum eingeschnittenen Winkel.

3. Legen Sie am Eckpunkt eine Falte und richten Sie die nächste Seitenkante so aus, dass sie in einer Linie mit der ersten Seitenkante und der Stoff kantengleich zur Kante des Messers liegt. Nun können Sie die Naht bis zum Ende der Seite fortzusetzen.

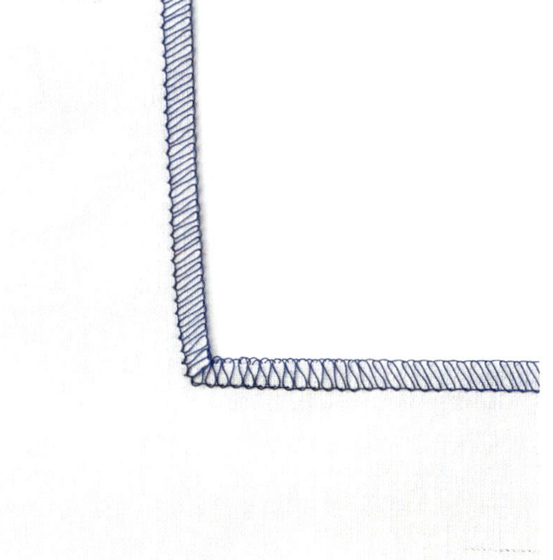

4. Vernähen Sie die Fäden der Kette (siehe S. 74). Auf diese Weise wird die genähte Innenecke stabil.

EINE AUSSENRUNDUNG **NÄHEN**

Diese Technik wird verwendet, um Ärmelkanten zu arbeiten. Sie kommt bei vielen Projekten zum Einsatz.

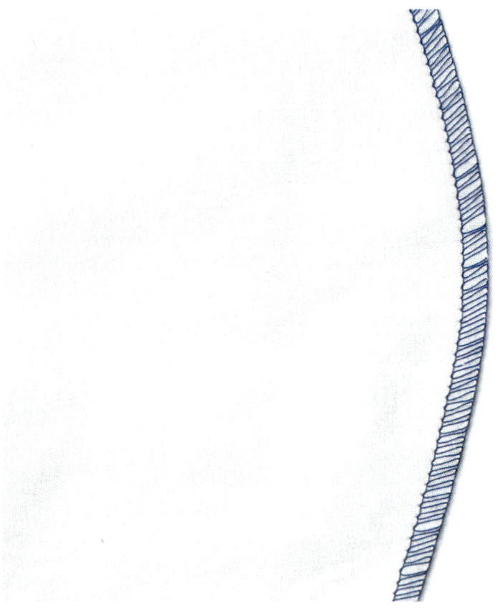

1. Genau wie bei einer Naht im Geradstich sollte eine Überwendlichnaht mit einer Außenrundung möglichst gleichmäßig sein.

2. Um diese Arbeit zu erleichtern, führen Sie den Stoff mit den Händen. Die linke Hand, die hinter der Maschine liegt, bewegt das Gewebe nach rechts. Die rechte Hand liegt vorne und führt den Stoff zum Messer.

3. Drehen Sie den Stoff so, dass er möglichst gerade vor dem Messer liegt.

Nähen Sie langsam, damit Sie während des Nähens Kontrolle über den Stoff behalten. Wenn das Gewebe abweicht, müssen Sie den Nähfuß lösen und den Stoff wieder richtig darunter platzieren, bevor Sie mit dem Nähen fortfahren.

EINE INNENRUNDUNG **NÄHEN**

Diese Technik wird häufig beim Nähen eines Armausschnitts verwendet. Es erfordert etwas Übung, damit vom Messer nicht zu viel Stoff abgeschnitten wird.

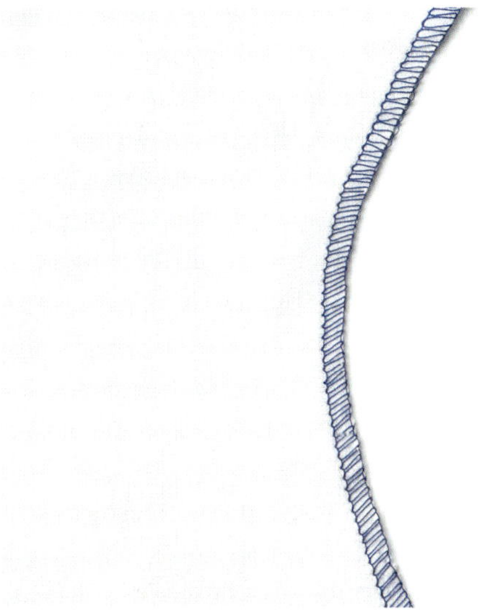

1. Wie die Naht an einer Außenrundung, muss die Überwendlichnaht an einer Innenrundung gleichmäßig sein.

2. Um diese Arbeit zu erleichtern, führen Sie den Stoff mit den Händen. Die linke Hand liegt hinten und bewegt den Stoff nach links. Die rechte Hand, die vorne liegt, führt das Gewebe zum Messer.

3. Drehen Sie den Stoff immer so, dass er gerade vor dem Messer platziert ist. Achtung, wenn Sie nicht vorsichtig sind, kann glattes Gewebe unter das Messer rutschen.

Führen Sie den Stoff langsam unter den Nähfuß und zerren Sie nicht am Gewebe. Die Transporteuere führen das Gewebe stückweise weiter.

Die rund geschlossene Naht ist gebräuchlich für das Arbeiten von Saumabschlüssen, zum Beispiel bei Ärmeln, beim Nähen von Bündchen oder auch von Taillenbündchen.

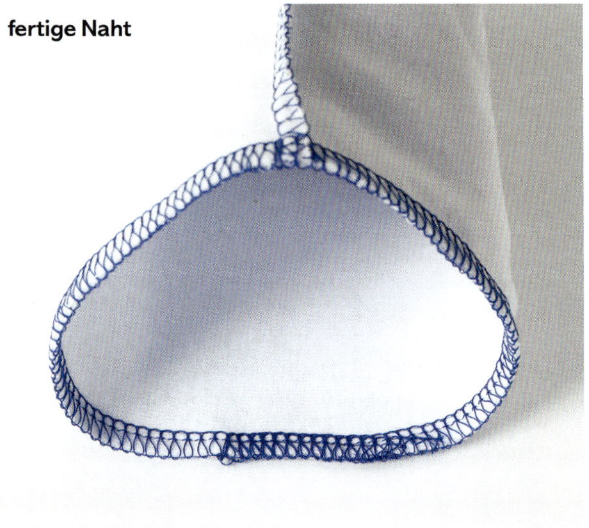

fertige Naht

Die rund geschlossene Naht erfolgt im Kreis. Die Überwendlichnähte zu Beginn und am Ende überlappen sich.

1. Heben Sie den Nähfuß und richten Sie den Stoff kantengleich zum Messer aus. Dann senken Sie den Nähfuß.

2. Beginnen Sie geradeaus zu nähen.

3. Beim Nähen führen Sie den Stoff nach und nach zu sich, damit Sie möglichst viel Gewebe vor sich haben, das Sie in die Maschine laufen lassen.

4. Hören Sie zu nähen auf, wenn die Überwendlichnaht auf die Naht vom Anfang trifft.

5. Anschließend kürzen Sie die Fadenkette bündig mit dem Geweberand.

83

6. Schalten Sie nun die Schnittfunktion aus. Auf diese Weise laufen Sie nicht Gefahr, dass das Messer in die Naht vom Nahtbeginn schneidet.

7. Dann nähen Sie ohne Messer weiter. Arbeiten Sie 2 cm über die erste Naht, damit sich die Naht nicht auflöst.

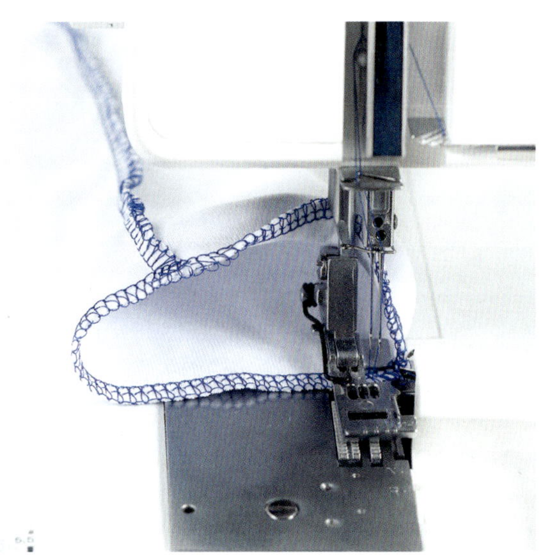

8. Heben Sie den Nähfuß, ziehen Sie dann den Stoff nach hinten und senken den Nähfuß wieder.

9. Weiternähen, um sich vom Stoff zu lösen, und eine Fadenkette von 10 cm Länge bilden. Zum Schluss schneiden Sie die Fäden ab.

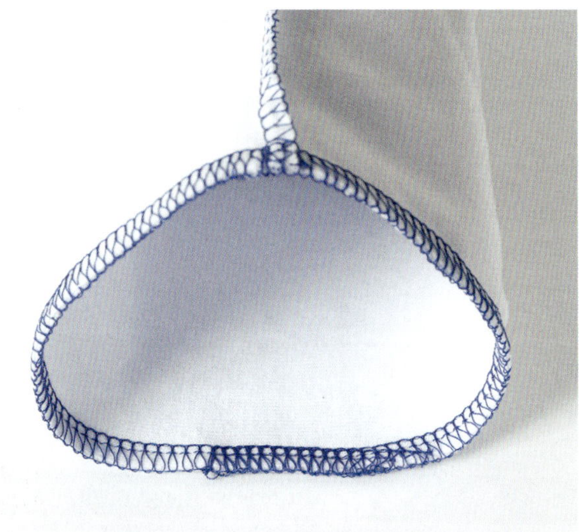

10. Auf diese Weise wird die fertige Naht schön flach und eben.

Das Ergebnis einer unschön gefertigten rund geschlossenen Naht, bei der das Messer nicht deaktiviert war

Der Blindstichfuß ist unverzichtbar und vor allem sehr bequem! Er ermöglicht es, eine gerade gleichmäßige Naht zu führen, und erzeugt auf der rechten Seite den Effekt einer Passe.

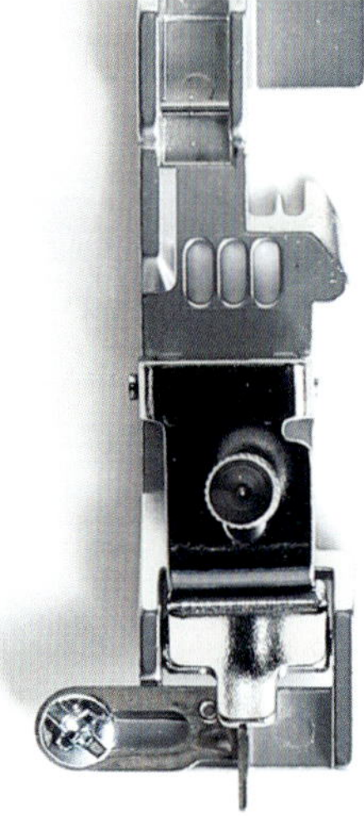

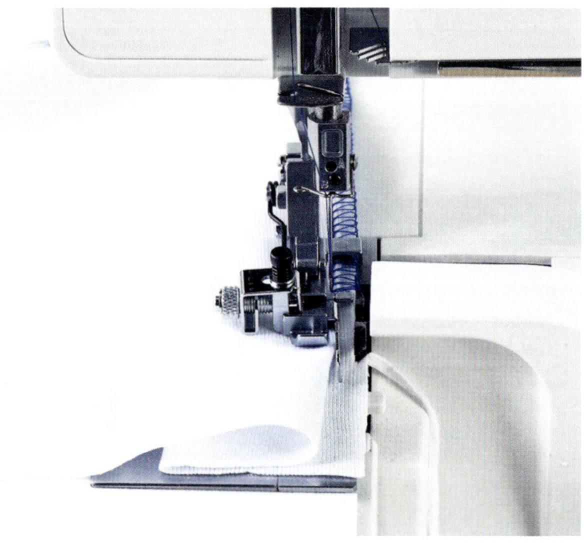

Mit diesem Nähfuß können Sie den unteren Saum eines Kleidungsstücks nähen. Die Naht ist kaum sichtbar, und auf der Rückseite sieht die Naht schön sauber aus und ist haltbar.

Falten Sie den Stoff auf die gewünschte Saumbreite. Die Maschine näht 2 mm vom Stoffbruch entfernt und versäubert die Stoffkante.

rechts

Der Blindsaum, genäht mit dem Blindstichfuß

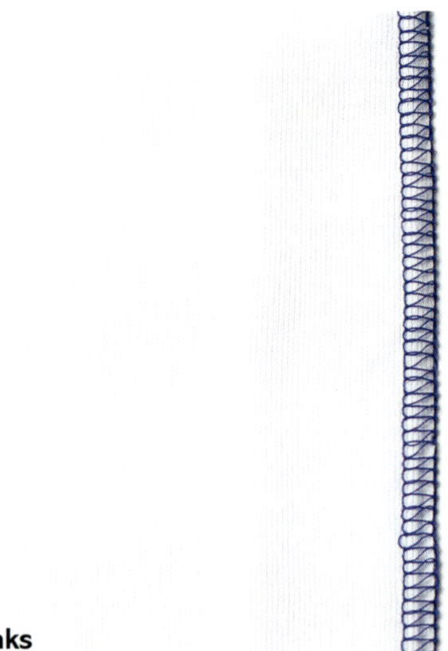

links

Der Blindsaum, durchgeführt mit dem Blindstichfuß für eine Saumnaht, die kaum sichtbar ist

Der Gummibandfuß erlaubt es, Gummibänder schmal und flach aufzunähen. Er stellt eine gleichmäßige Spannung des Gummibands an der Stoffkante her.

Mit diesem Nähfuß können Sie im Überwendlichstich ein Gummiband an eine Stoffkante nähen.

Dieser Stich näht alles zusammen, während die Stoffkante zugeschnitten wird. Stellen Sie den Dehnungsgrad des Gummibands am Nähfuß mit der Schraube ein und testen Sie die Einstellung, bevor Sie endgültig mit dem Nähen beginnen.

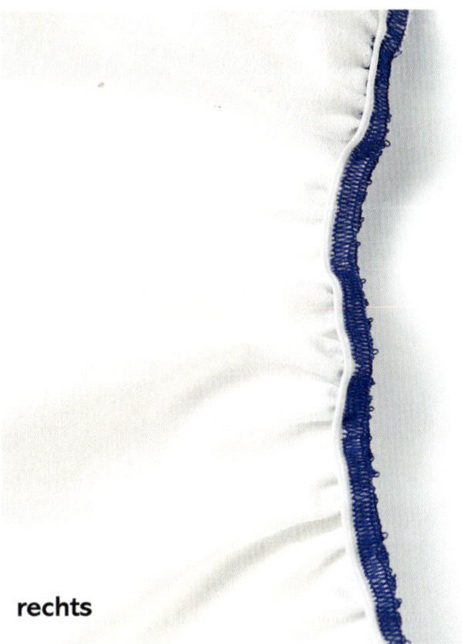

Mit dem Gummibandfuß aufgenähtes Gummiband, Stoffoberseite

Mit dem Gummibandfuß aufgenähtes Gummiband, Stoffunterseite

Der Paspelfuß ist praktisch identisch mit dem Standardnähfuß, mit einem Unterschied: Eine Nut unter dem Fuß hilft, die Paspel beim Nähen zu führen.

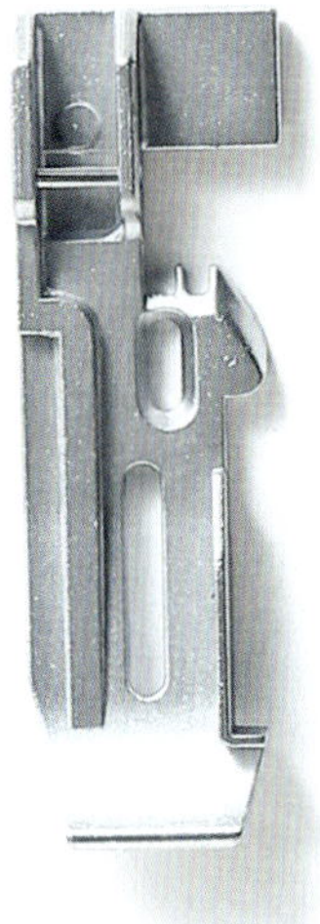

Dieser Fuß wird verwendet, um Paspeln im Überwendlichstich auf Stoff zu nähen.

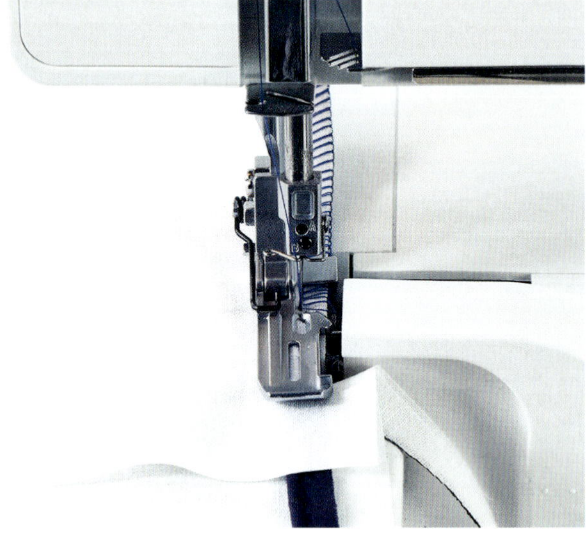

Legen Sie die Paspel zwischen die Stofflagen. Das Messer schneidet das Gewebe so, dass der 4-Faden-Überwendlichstich perfekt durch drei Stofflagen gearbeitet wird.

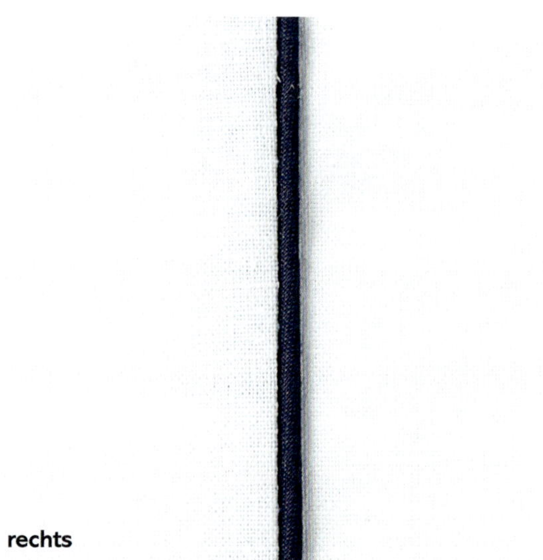

rechts

Mit dem Paspelfuß aufgenähte Paspel, Stoffoberseite

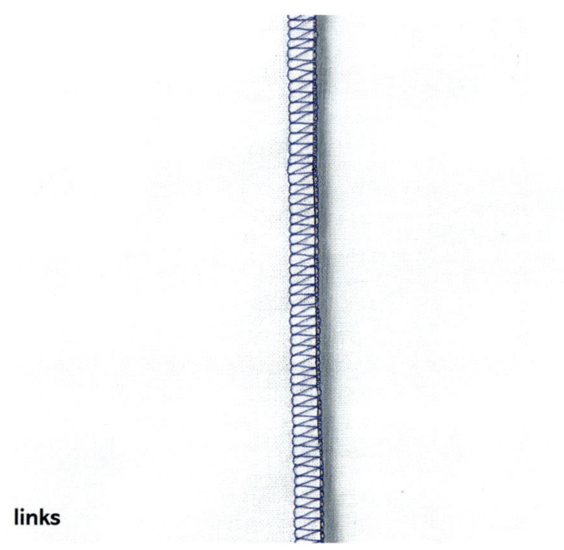

links

Mit dem Paspelfuß aufgenähte Paspel, Stoffunterseite

Der Kräuselfuß ermöglicht es, im Handumdrehen zwei Gewebe zusammenzunähen und dabei einen der beiden Stoffe perfekt zu kräuseln. Denken Sie daran, eine ausreichende Stichlänge für das Gewebe einzustellen, das gekräuselt werden soll!

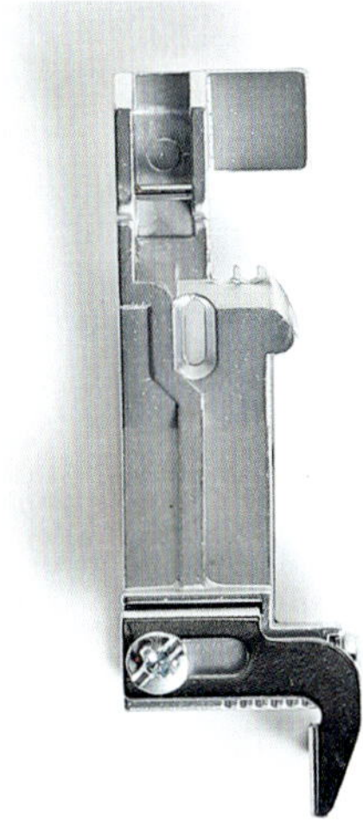

Mit diesem Nähfuß können Sie zwei Stoffe zusammennähen und dabei einen der beiden Stoffe gleichzeitig einreihen.

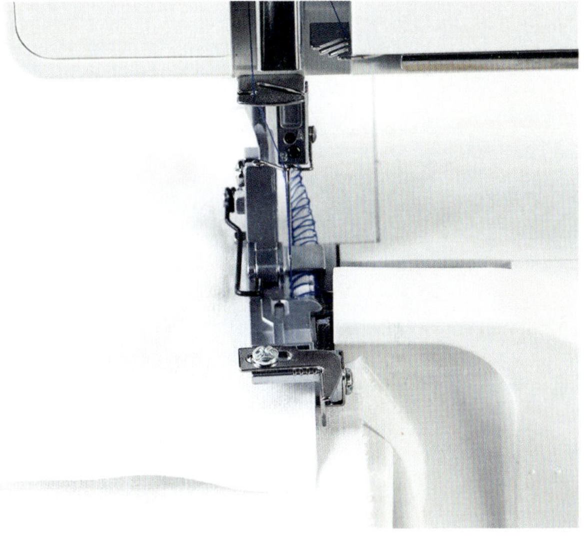

Das Gewebe, das eingereiht werden soll, liegt auf dem Transporteur, das andere Gewebe ist oben. Planen Sie eine größere Stichlänge für den Stoff, der gekräuselt werden soll, als für das einfache Zusammennähen. Probieren Sie vorher aus, welche Stichlänge Sie zum Einreihen einstellen müssen.

Zwei Stoffe, die mit dem Kräuselfuß zusammengenäht wurden; der eine ist eingereiht, der andere nicht.

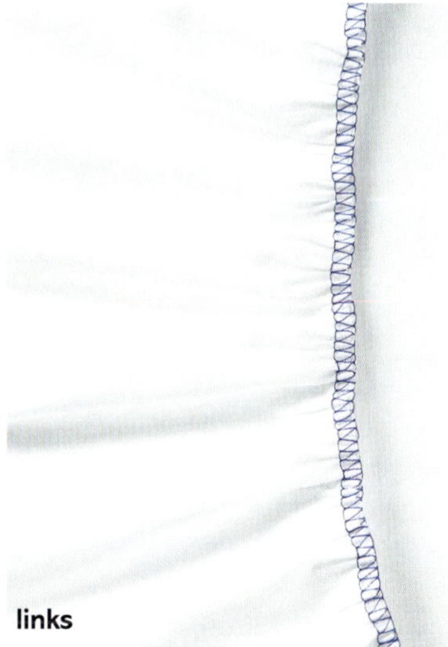

Die Rückseite von zwei Stoffen, die mit dem Kräuselfuß zusammengenäht wurden; eine Stofflage ist eingereiht, die andere nicht.

Biesen sind sehr elegant und dekorativ, sie werden auf der rechten Seite der Arbeit angefertigt. Man verwendet sie häufig, um Accessoires und Kleidungsstücke dekorativ zu gestalten.

fertige Naht – rechts

Biesen werden gebildet, indem man den Stoff faltet und über den Stoffbruch einen Rollsaum näht. Nehmen Sie an der Maschine die Einstellungen für Rollsaum vor und nähen Sie mit drei Fäden.

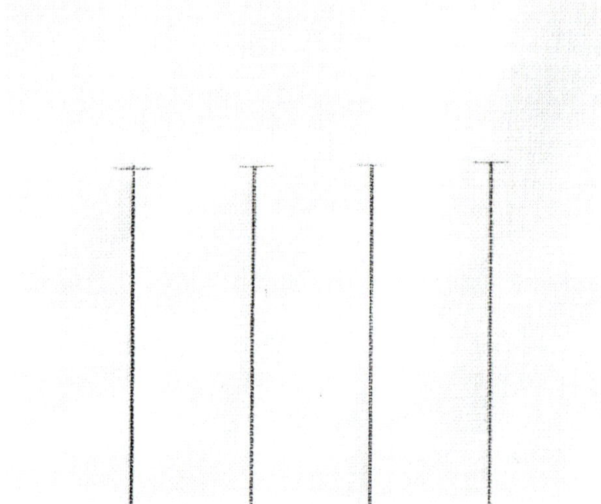

1. Bereiten Sie den Stoff vor und zeichnen Sie die Position der Falten auf das Gewebe. Kennzeichnen Sie Anfang und Ende jeder Falte mit Schneiderkreide durch einen Strich auf dem Gewebe.

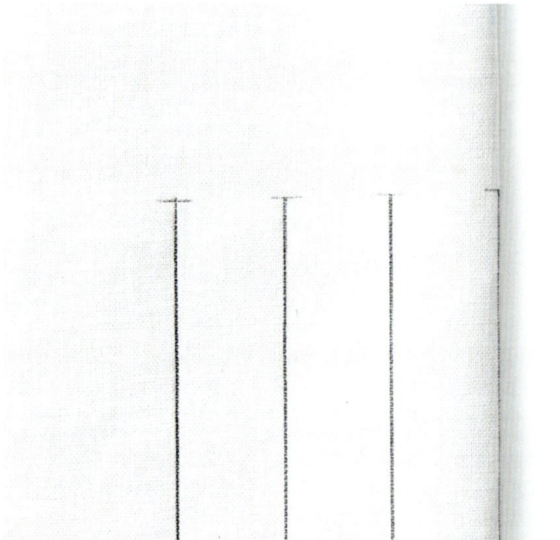

2. Falten Sie den Stoff links auf links entlang der Faltenlinie.

3. Legen Sie den Stoff so unter den Nähfuß, dass der Beginn der Falte an der Nadel liegt. Da diese Naht in der Mitte und nicht an der Kante des Gewebes angefertigt wird, deaktivieren Sie das Messer, bevor Sie mit dem Nähen beginnen, damit der Stoff nicht beschnitten wird.

4. Arbeiten Sie die Biese entlang der Stoffkante.

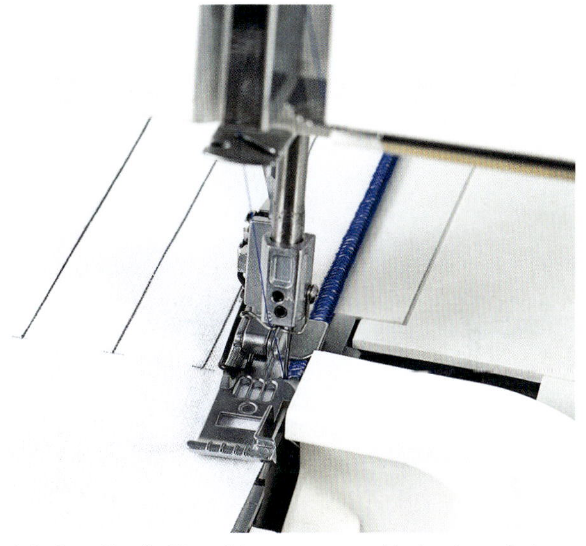

5. Arbeiten Sie die Biese bis zum unteren Ende, dann drehen Sie am Handrad und setzen die Nadel in den Stoff.

6. Nun heben Sie den Nähfuß und schieben den Stoff nach hinten. Dann senken Sie den Nähfuß wieder.

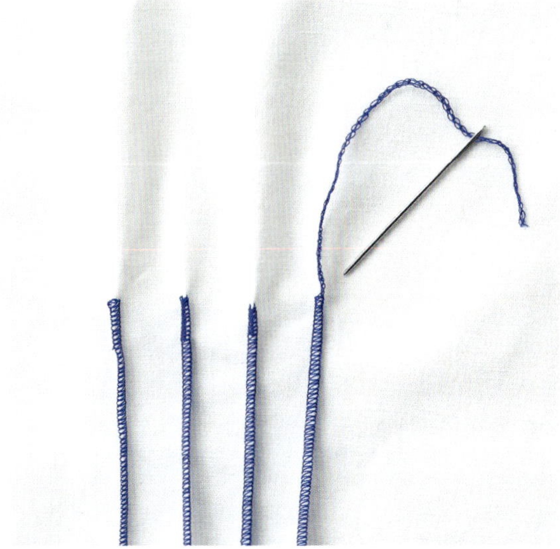

7. Entfernen Sie den Stoff und bilden Sie eine 10 cm lange Kette. Zum Schluss schneiden Sie die Fäden der Kette ab und vernähen das Fadenende.

EINE BLENDE **NÄHEN**

Bei der Blendennaht handelt es sich, ähnlich wie beim Blindsaum, um Scheinfalten, die es ermöglichen, den Saum eines Kleidungsstücks anzufertigen, und auf der rechten Seite den Eindruck einer Passe vermitteln. In der Tat liegt der Stoff in einem Stück und wird lediglich gefaltet, ehe er mit der Überwendlichnaht verarbeitet wird.

Auf der rechten Seite sieht der Blindsaum aus, als hätte man verschiedene Stoffteile zusammengenäht.

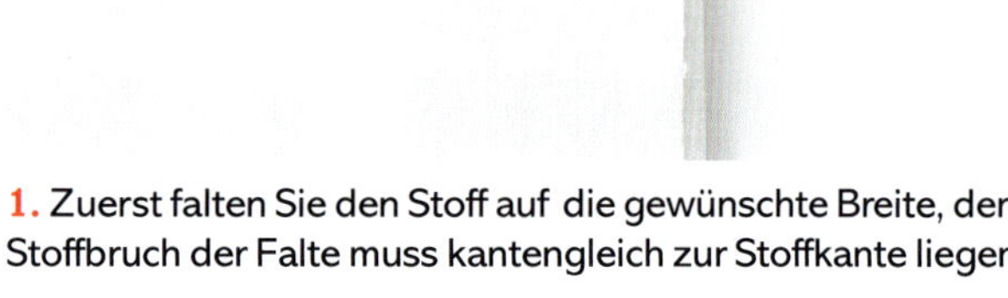

1. Zuerst falten Sie den Stoff auf die gewünschte Breite, der Stoffbruch der Falte muss kantengleich zur Stoffkante liegen.

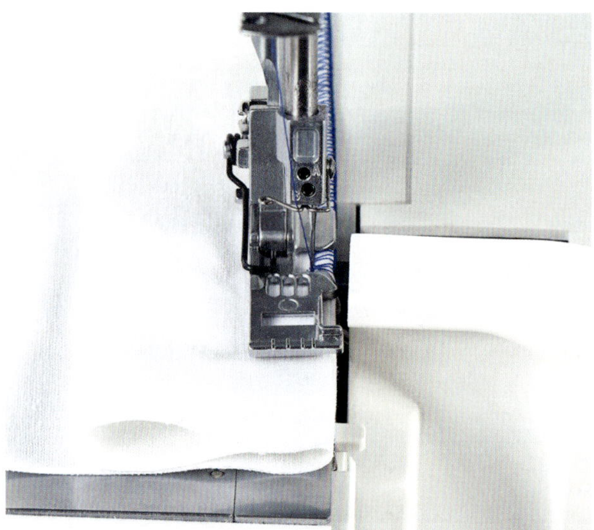

2. Deaktivieren Sie das Messer, damit der Stoff nicht beschnitten wird. Richten Sie nun den Stoffbruch an der Falte an der Kante des Untermessers aus und nähen Sie die Falte im Überwendlichstich ab.

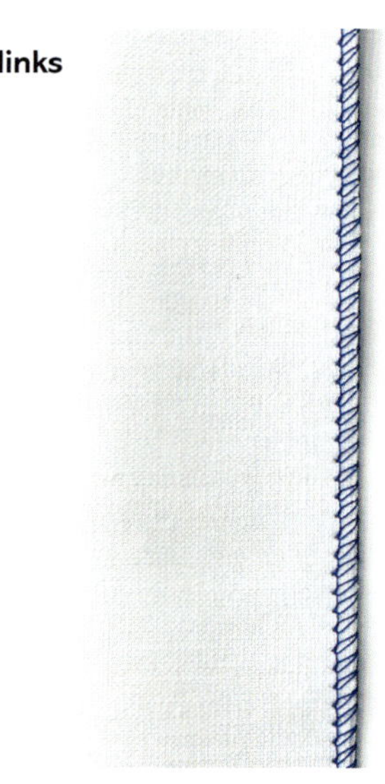

3. Sobald die Naht fertig ist, öffnen Sie sie und bügeln sie, um das Gewebe in Position zu halten.

Die Flatlocknaht wird generell auch flache Naht genannt. Sie kann mit zwei oder mehr Fäden gearbeitet werden. Diese Naht ist ein äußerst dekoratives Element, das man inmitten vom Gewebe einsetzen kann.

fertige Naht – rechts

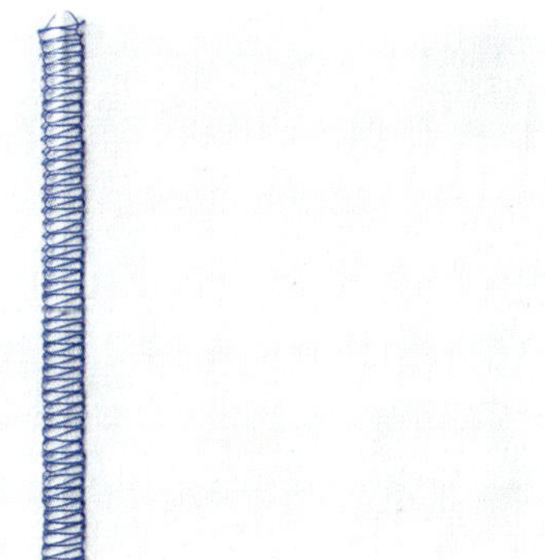

Die flache Überwendlichnaht faltet den Stoff, bevor sie ihn umfasst. Öffnet man dann die Naht, erhält man auf der rechten Seite des Gewebes den Effekt einer Naht.

fertige Naht – links

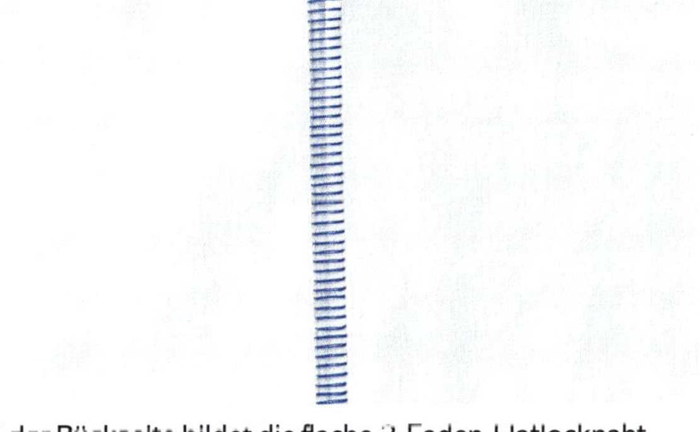

Auf der Rückseite bildet die flache 2-Faden-Flatlocknaht regelmäßig gesetzte waagerechte Stiche (Leiterstich). Sie könnten auch auf der Stoffoberseite liegen, wenn Sie für die 2-Faden-Flatlocknaht den Stoff rechts auf rechts legen.

1. Diese Naht ist sehr einfach. Stellen Sie die Maschine auf die 2-Faden-Überwendlichnaht ein und deaktivieren Sie das Messer. Falten Sie den Stoff an der gewünschten Stelle links auf links und nähen Sie sorgfältig im Überwendlichstich, um den Stoff zu umfassen.

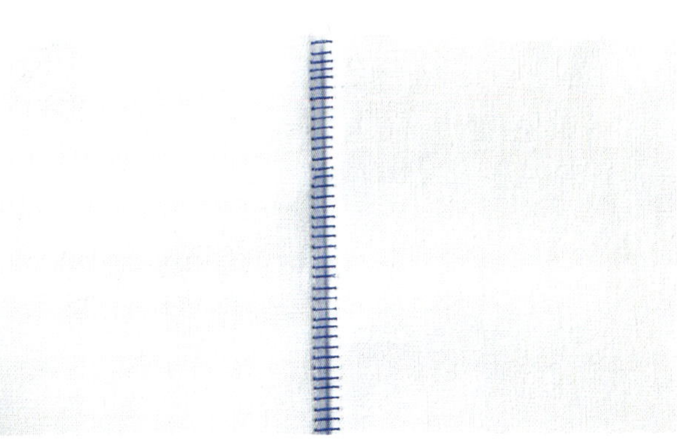

2. Wenn die Naht fertig ist, öffnen Sie die Falte vorsichtig und bügeln sie.

Diese Technik können Sie vor allem beim Nähen von Kleidungsstücken aus Jersey-Stoffen einsetzen, für Sweatshirts, Jogginghosen oder T-Shirts.

fertige Naht

Ein Bündchen aus geripptem Jersey-Stoff wird wie beim Stricken an den Kanten angenäht. Da sich das Gewebe beim Nähen dehnt, gehen Sie beim Annähen des Bündchens vor, wie wenn man zwei elastische Stoffe von unterschiedlicher Länge mit einer rund geschlossenen Naht zusammennäht.

Mit dieser Technik können Sie zum Beispiel Bündchen, Halsausschnittblenden oder Säume von Kleidungsstücken arbeiten. Je größer der Längenunterschied zwischen Bündchen und Kleidungsstück ist, desto mehr muss man eine der beiden Kanten einreihen.

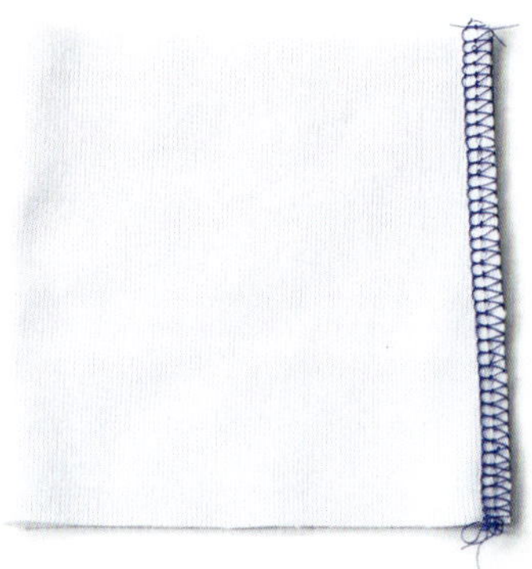

1. Wenn Sie ein Bündchen nähen möchten, legen Sie zuerst den Stoff der Länge nach rechts auf rechts aufeinander und nähen die Stoffkanten zusammen.

2. Wenden Sie dann das Bündchen und falten Sie es in der Mitte, links auf links. Das Bündchen bügeln.

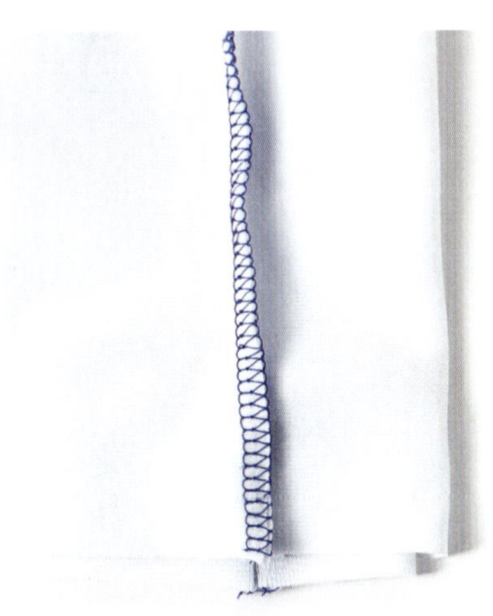

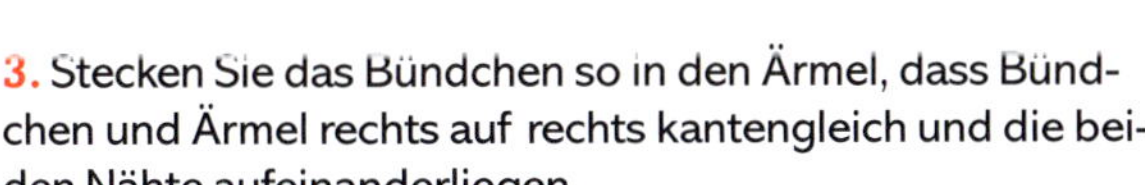

3. Stecken Sie das Bündchen so in den Ärmel, dass Bündchen und Ärmel rechts auf rechts kantengleich und die beiden Nähte aufeinanderliegen.

4. Der Längenunterschied zwischen dem Bündchen und dem Ärmel ist groß. Daher muss beim Nähen der Stoff gedehnt werden.

5. Dehnen Sie das gerippte Bündchen vorsichtig, um dieselbe Länge wie beim Ärmel zu erhalten, mit dem es zusammengenäht werden soll. Entweder halten Sie die Materialien mit einer Klemme zusammen (wenn die Naht lang ist) oder Sie dehnen sie beim Nähen (wenn die Naht kürzer ist).

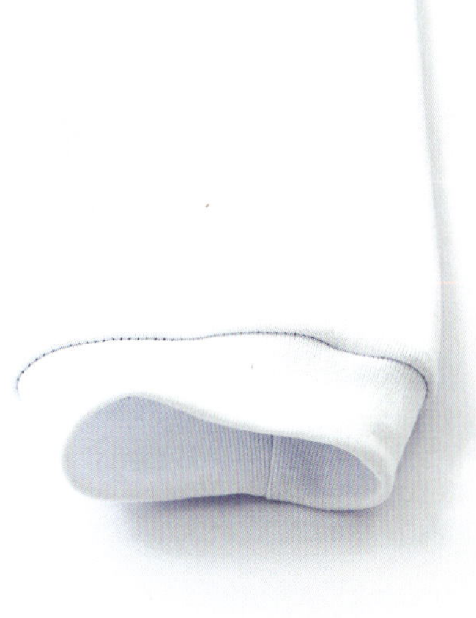

6. Es handelt sich um eine rund geschlossene Naht. Sehen Sie dazu die Seiten 82–84 und folgen Sie den einzelnen Schritten dieser Naht.

Einige Maschinen können auch Coverstiche arbeiten, was sehr praktisch ist. Sie werden dann als Coverstich-Overlock bezeichnet.

Mit dem Coverstich können Sie Jersey-Stoffe oder andere dehnbare Stoffe verarbeiten. Dieser Stich mit drei Fäden bewahrt die Elastizität des Gewebes. Er ermöglicht es gleichzeitig, Jersey-Stoffe zu säumen. Der Coverstich kann auch bei der Herstellung von Kleidung und Accessoires bei allen Stoffen als dekoratives Element eingesetzt werden.

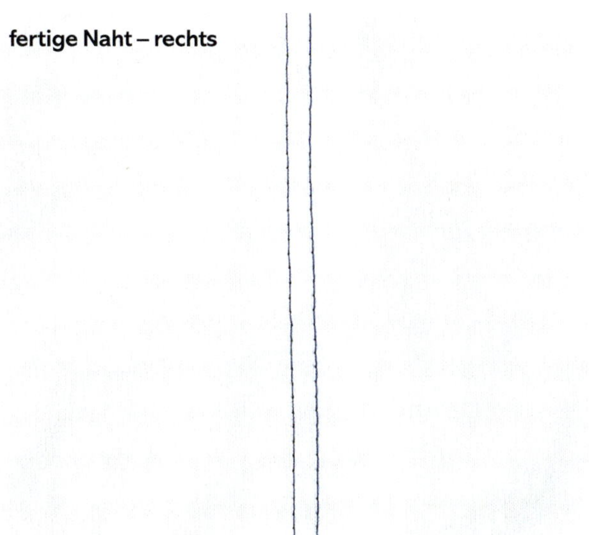

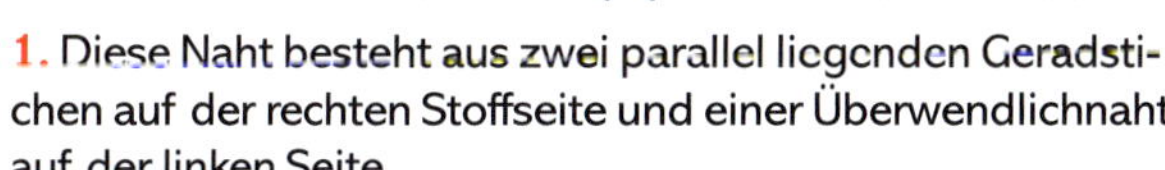

1. Diese Naht besteht aus zwei parallel liegenden Geradstichen auf der rechten Stoffseite und einer Überwendlichnaht auf der linken Seite.

2. Im Gegensatz zur Überwendlichnaht kann man mit dem Coverstich in der Mitte des Gewebes ohne Schneidefunktion nähen.

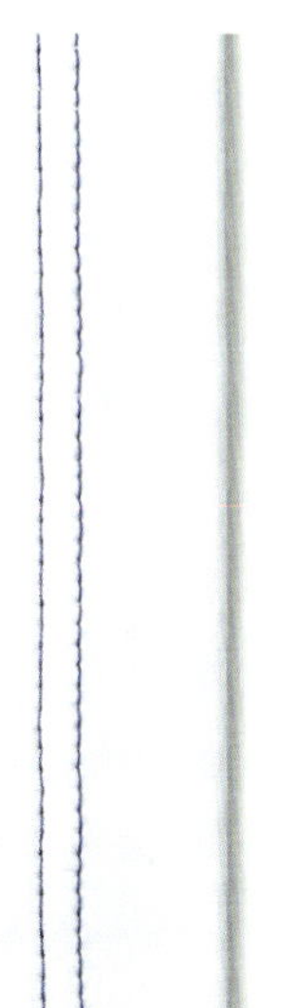

3. Durch den Coverstich entsteht eine hochwertige Verarbeitung von Jersey-Stoffen, vor allem bei Säumen. Hier haben wir zwei parallele Nähte auf der rechten Seite der Arbeit.

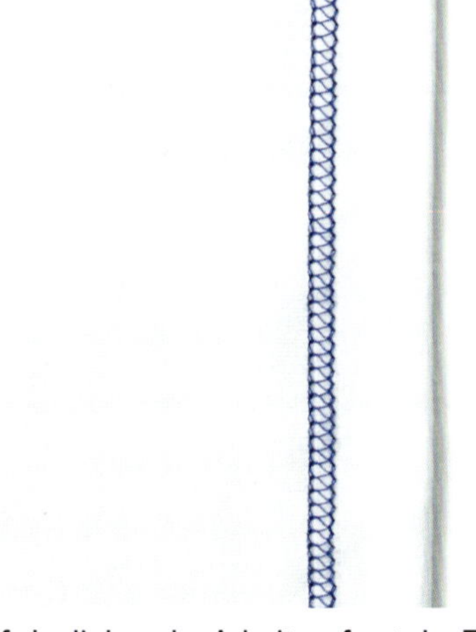

4. Auf der linken der Arbeit umfasst der Faden die Kante des Gewebes. Diese Verarbeitung erzielt beim Gewebe Elastizität, ohne dass später der Faden der Naht reißt.

	VERWENDUNG	BESONDERHEITEN	EINFÄDELN
4-FADEN-ÜBERWENDLICH-NAHT	• Sie eignet sich perfekt für das Zusammennähen von Jersey-Stoffen. • Man kann mit ihr auch Kanten von dicken Stoff und mittelschweren Stoffen und/oder Gewebe, die leicht ausfransen, einfassen.	• Diese Naht ist breit, da beim Nähen die linke Nadel verwendet wird. Es ist eine sehr feste Naht.	• 2 Nadeln und 2 Greifer
3-FADEN-ÜBERWENDLICH-NAHT	• Sie ist ideal zum Einsäumen von Kanten bei Webstoffen. • Man kann mit ihr auch dünne und sehr dünne Stoffe zusammennähen, dabei sollte man eine kleine Stichlänge wählen.	• Die Stichbreite und -länge können beachtlich variieren. • Sie passt für fast alle Materialien. Sie wird oft zum Versäubern verwendet, um ein Ausfransen der Stoffkanten zu verhindern.	• 1 Nadel wahlweise und 2 Greifer Wählen Sie die linke Nadel, um einen breiten Stich zu erhalten, oder die rechte Nadel für einen schmalen Stich.
2-FADEN-ÜBERWENDLICH-NAHT	• In der Regel wird sie verwendet, um bei mittelschweren und dünnen Stoffen den Garnverbrauch zu reduzieren. • Sie ist nicht geeignet für schwere Gewebe und/oder Gewebe, die leicht ausfransen.	• Sie wird überwiegend eingesetzt, um den Garnverbrauch zu reduzieren. Sie ist nicht sehr fest und eignet sich weder für sehr dünne Stoffe noch für Gewebe, die leicht ausfransen. • Sie ist eine ziemlich schwache Naht. • Diese Naht verwendet nur 2 Fäden, 1 Faden in einer Nadel und 1 Faden im Greifer.	• 1 Nadel wahlweise und unterer Greifer
ROLLSAUM	• Er eignet sich ausgezeichnet für die sichtbare Verarbeitung von Geweberändern bei mittelschweren und dünnen Stoffen. • Er ist perfekt für dekorative Oberflächen. • Man kann mit ihm auch sehr dünne Stoffe wie Baumwoll-Voile oder Organza zusammennähen.	• Er erfasst und rollt einen Teil des Gewebes ein. Die Naht ist sehr schmal: Die Einstellung der Stichlänge sollte möglichst klein sein.	• rechte Nadel und 2 Greifer

WEITERE EINSTELLUNGEN	PASSENDE STOFFE	PASSENDE NÄHGARNE
• Überprüfen Sie beim Nähen von Jersey-Stoffen den Differenzialtransport.	• Alle Jersey-Stoffe • Webstoffe, schwer und mittelschwer *Mittelschwer:* Crêpe de Chine, Flanell, Modal, Popeline *Schwere Stoffe:* Waffelmuster, Tweed, Gabardine, Wildlederimitat *Sehr schwere Stoffe:* Denim, Samt, Frottee, Drillich, Duffel	• Baumwolle, Polyester für 4-Faden-Überwendlichnaht • Bauschgarn wird bei einigen Nähten in den Greifern verwendet, vor allem beim Nähen von Wäsche. • Für bestimmte Nähte ist es möglich, in den Greifern Spezialgarn zu verwenden.
• Überprüfen Sie den Differenzialtransport, wenn Sie dünne Stoffe versäubern, damit diese nicht ausfransen.	• Alle Stoffe und Jersey-Stoffe, von dünn bis schwer: *Dünne Stoffe:* Batiste, Georgette, Perkal, Plumetis *Mittelschwere Stoffe:* Flanell, Popeline, Crêpe de Chine, Modal *Schwere Stoffe:* Waffelpiqué, Tweed, Gabardine, Wildlederimitat • In manchen Fällen ist die Naht auch geeignet für sehr dünne und sehr dicke Gewebe.	• Baumwolle, Polyester für 3-Faden-Überwendlichnaht • Bauschgarn wird bei einigen Nähten in den Greifern verwendet, bei Jersey-Stoffen und vor allem beim Nähen von Wäsche. • Für bestimmte Nähte ist es möglich, in den Greifern Spezialgarn zu verwenden.
• Blockieren Sie den oberen Greifer, da für diese Naht nur der untere Greifer zum Einsatz kommt.	• Gewebte mittelschwere Stoffe: *Mittelschwere Webstoffe:* Leinen, Flanell, Popeline, Crêpe, Modal	• Sie sollten für diese Naht festes Nähgarn verwenden, wie Baumwolle oder Polyester, weil die Struktur dieser Naht eher schwach ist.
• Die Stichlänge sollte möglichst klein sein. • Der Stichfingerhebel steht auf der Position „R" (Rollsaum).	• Webstoffe, von sehr dünn bis mittelschwer: *Sehr dünne Stoffe:* Voile, Organza, Krepp, Spitze, Musseline *Dünne Stoffe:* Batiste, Crêpe Georgette, Perkal, Plumetis *Mittelschwere Stoffe:* Flanell, Popeline, Crêpe de Chine, Modal	• Baumwolle, Polyester für 3-Faden-Überwendlichnaht • Bauschgarn wird bei einigen Nähten in den Greifern verwendet, um einen leichten, duftigen Rollsaum zu erhalten. • Für bestimmte Fantasienähte ist es möglich, in den Greifern dünne bis mittelstarke glatte Spezialgarne zu verwenden.

PFAFF
hobbylock 2.5

KLEINE PRAKTISCHE
100
125
ÜBUNGEN

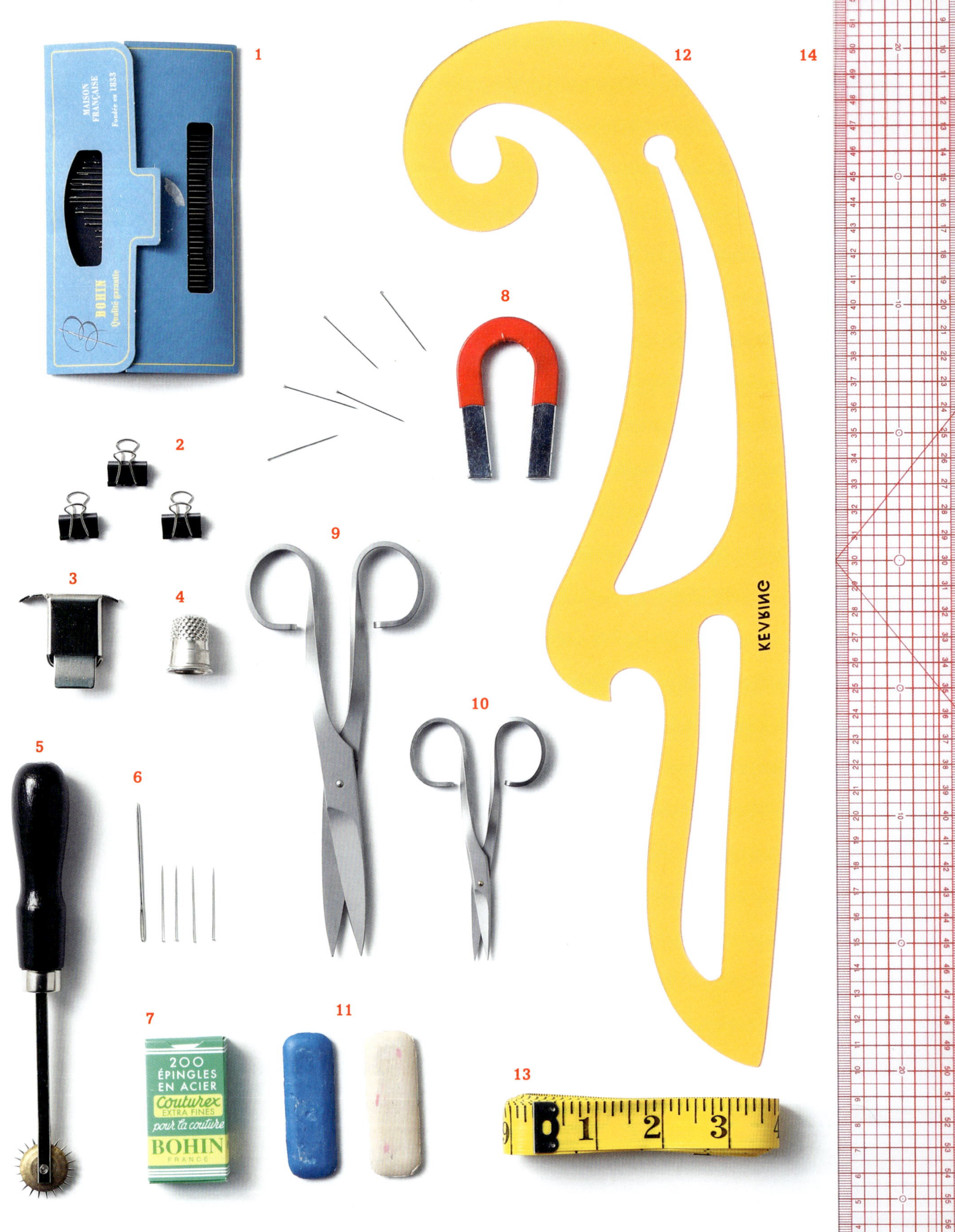
1
MAISON FRANÇAISE
Fondée en 1833
BOHIN
Qualité garantie
2
3
4
5
6
7
200
ÉPINGLES
EN ACIER
Couturex
EXTRA FINES
pour la couture
BOHIN
FRANCE
8
9
10
11
12
13
14

Ob Sie mit einer Overlock oder mit einer traditionellen Nähmaschine nähen, der Nähkorb ist für jede Näherin ein wichtiges Element, für Anfänger ebenso wie für Fortgeschrittene. Neben Nähgarnen, Stoffen sowie all den kleinen Zubehörteilen und Kurzwaren sollte es auch einige Werkzeuge geben.

1. **Nadeltasche**
   mit Nadeln verschiedener Größen
2. **Klemmen**
   zum Zusammenklemmen von Stoffteilen, um sie mit der Overlock zu nähen
3. **Kantenführer**
   Ein wenig bekanntes Werkzeug, aber sehr praktisch, um den Stoff zu führen und gleichzeitig bei der Nahtzugabe immer dieselbe Breite zu haben; er wird an der Stichplatte angebracht.
4. **Fingerhut**
5. **Kopierrad**
   um Schnittmuster zu kopieren
6. **stumpfe Nadel**
   zum Vernähen der Fadenketten
7. **superdünne Stecknadeln**
8. **Magnet**
9. **Schneiderschere**
   zum Schneiden von Stoff
10. **Stickschere**
   um Überwendlichnähte aufzutrennen
11. **Schneiderkreiden**
   blau für helle Stoffe, weiß für dunkle Stoffe
12. **Kurvenlineal**
   zum Zeichnen von Rundungen
13. **Maßband**
14. **Rollschneidelineal**

Warum Klemmen und keine Stecknadeln?
Um die Stoffteile für das Nähen an der Overlock vorzubereiten, verwenden Sie am besten kleine Klemmen anstelle von Stecknadeln. Stecknadeln, die während des Nähens im Stoff stecken, können die Messer beschädigen oder sie sogar abbrechen. Wenn Sie keine Klemmen haben, verwenden Sie Stecknadeln, platzieren diese jedoch links vom Nähfuß, sodass sie nicht mit den Messern in Kontakt kommen.

DER SCHAL

Dieser Schal ist so einfach zu machen, dass Sie gleich eine ganze Reihe davon nähen können, einfarbige oder gemusterte, warme oder eher leichte, große Tücher oder einfache kleine, mit denen Sie Ihr Outfit kombinieren können.

ZUSCHNITT
Das Quadrat für den Schal schneiden Sie direkt auf dem Stoff zu. Schneiden Sie aus dem Stoff ein Quadrat mit jeweils 125 cm Seitenlänge zu.

VERWENDETE STICHE
Rollsaum (siehe S. 72–73)

VERWENDETE TECHNIKEN
Eine Außenecke nähen (siehe S. 78)
Messer einsetzen (siehe S. 59)
Eine Fadenkette vernähen (siehe S. 74)

MATERIAL
- 125 x 140 cm dünner Stoff
- 3 Spulen farblich passendes Nähgarn, je 100 m
- Stoffschere
- Rollschneidelineal
- Schneiderkreide

Dieses äußerst einfache Projekt haben wir bewusst für Sie gewählt, damit Sie sich an Ihre Overlock gewöhnen und lernen, mit ihr umzugehen. Und wenn Sie sich in in diesem Format bewiesen haben, können Sie sich auch an andere, größere Objekte wagen, wie Decken, Tischdecken, Kissen ...

EINSTELLUNGEN

Stich: Rollsaum
Spannung: C
Stichlänge: Minimum
Messerabstand: 6
Differenzial: normal
Stichfingerhebel: R (Rollsaum)
Einfädeln der rechten Nadel, des oberen Greifers und des unteren Greifers

1. An einer Seitenkante eine Rollsaumnaht anfertigen.

2. Über die zweite Seite ebenfalls in der Rollsaumnaht nähen, dabei zu Beginn die Kette der ersten Naht abschneiden. Nähen Sie dann die anderen Seitenkanten in gleicher Weise.

3. Wenn die letzte Naht fertig ist, vernähen Sie die Fadenketten mit einer stumpfen Nadel.

Das zeitlose Basic-Teil sollte in jedem gut sortierten Kleiderschrank hängen, denn seinem Charme kann sich niemand verschließen. Seine Stärke: Sie können es in Ihrem eigenen Stil tragen und mit einem Trenchcoat oder sogar mit Denim-Shorts und Turnschuhen kombinieren ... Es ist der Verbündete aller trendigen Mädchen!

GRÖSSEN
S = 36/38
M = 38/40
L = 40/42

VERWENDETE STICHE
4-Faden-Überwendlichstich (siehe S. 66–67)
Coverstich (siehe S. 97) oder
Geradstich (herkömmliche Nähmaschine)

VERWENDETE TECHNIKEN
Eine Außenrundung nähen (siehe S. 80)
Eine Innenrundung nähen (siehe S. 81)
Messer einsetzen (siehe S. 59)
Eine Fadenkette vernähen (siehe S. 74)

MATERIAL
- 160 x 140 cm gestreiften Jersey-Stoff
- 4 Spulen farblich passendes Nähgarn, je 500 m
- Klemmen
- Stoffschere
- Nähmaschine oder Overlock mit Coverstich

Dieses Marine-Shirt ist bereit für alle Änderungen. Es kann lange oder kurze Ärmel haben oder auch als ärmelloses Shirt genäht werden, wenn Sie das Schnittmuster von Rücken- und Vorderteil leicht anpassen. Auch ein maßgeschneidertes Kleid kann daraus entstehen, wenn Sie einfach das Schnittmuster entsprechend verlängern.

Zuschnitt

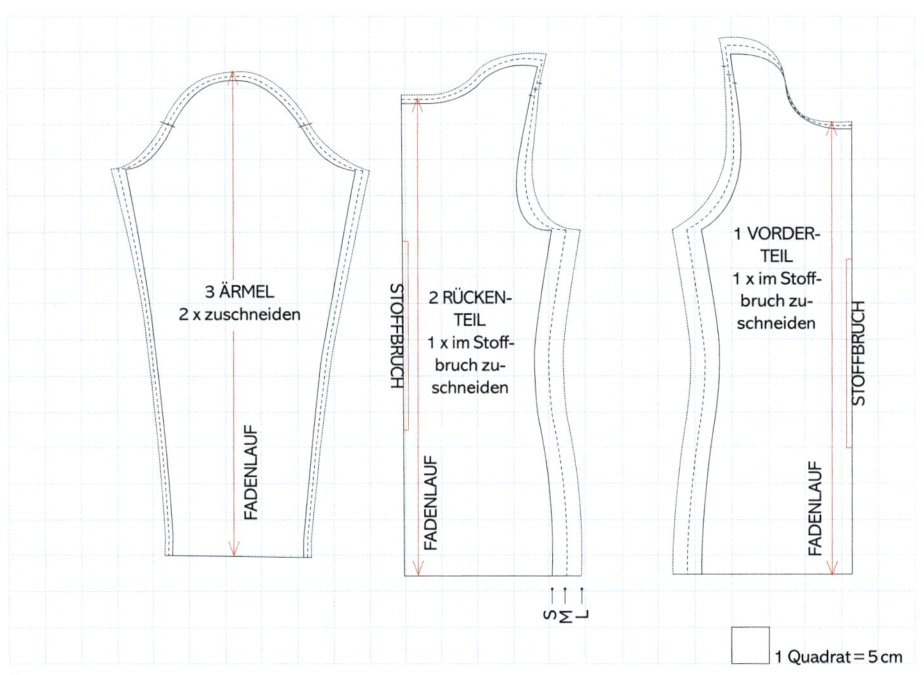

EINSTELLUNGEN

Stich: 4-Faden-Überwendlichstich
Spannung: A
Stichlänge: 2,5
Messerabstand: 6,5
Differenzial: 2
Stichfingerhebel: normal
Einfädeln der linken Nadel, der rechten Nadel, des oberen Greifers und des unteren Greifers

Übertragen Sie die Teile des Schnittmusters auf kariertes Papier (z. B. Seidenpapier mit Raster) mit gekennzeichneten 5-cm-Einheiten, vergessen Sie nicht die Nahtmarkierungen (Name des Teils, Angaben zum Zusammennähen, Fadenlauf, Falten ...) oder laden Sie das Schnittmuster von der Website herunter: www.bassermann-verlag.de/overlock-schnittmuster.

1. Knipsen Sie Vorderteil und Rückenteil an der Schulter ein, wie auf dem Schnittmuster markiert.

2. Dann bügeln Sie bei Vorder- und Rückenteil für den Saum am Halsausschnitt den Stoff 1 cm nach innen.

3. Steppen Sie mit der Nähmaschine den Halsausschnitt an Vorder- und Rückenteil mit 0,8 cm Kantenabstand ab oder arbeiten Sie im Coverstich.

4. Mit dem Bügeleisen die Säume an den Ärmeln und an den Unterkanten von Vorder- und Rückenteil 2,5 cm nach innen bügeln.

5. Nun legen Sie das Vorder- und das Rückenteil so aufeinander, dass die Knipse an den Schultern übereinanderliegen: die linke Seite des Rückenteils auf die rechte Seite des Vorderteils. Über den Armausschnitten mit 0,5 cm Kantenabstand aneinandernähen.

6. Bereiten Sie nun das Einsetzen der Ärmel vor und legen Sie jeden Ärmel rechts auf rechts auf die Shirt-Teile. Am besten ist es, Sie fixieren die Stoffteile mit Klemmen. Stecknadeln könnten die Messer beschädigen.

7. Die Ärmel und die Shirt-Teile mit einer 4-Faden-Überwendlichnaht zusammennähen.

8. Die Seiten- und Ärmelnähte vorbereiten und dazu das Vorderteil und das Rückenteil sowie die Ärmelhälften rechts auf rechts legen und mit Klemmen fixieren.

9. Die Seiten- und Ärmelnähte mit einer einzigen 4-Faden-Überwendlichnaht zusammennähen, dabei an der Unterkante des Shirts beginnen und an der Unterkante des Ärmels enden.

10. Zum Schluss nähen Sie die Säume an Ärmeln und am Shirt mit 2,2 cm Kantenabstand an der Nähmaschine oder mit dem Coverstich an der Overlock.

1 2 3 4 5 6 7 8 9 10
13 INCH

DAS SWEATSHIRT

Das schöne Sweatshirt aus gestepptem Jersey beweist seine Originalität mit der Blende am Halsausschnitt, den Ärmelbündchen und dem Bündchen am Saum. Diese werden separat zugeschnitten und dann angenäht. Dieses Design verleiht dem Kleidungsstück, das sich auf Nüchternheit konzentriert, einen Hauch von Raffinesse.

GRÖSSEN
S = 36/38
M = 38/40
L = 40/42

MATERIAL
- 150 x 140 cm Struktur-Jersey/gesteppter Jersey
- 4 Spulen farblich passendes Nähgarn, je 500 m
- Klemmen
- Stoffschere

VERWENDETE STICHE
4-Faden-Überwendlichstich (siehe S. 66–67)

VERWENDETE TECHNIKEN
Ein Bündchen annähen (siehe S. 94–95)
Eine Außenrundung nähen (siehe S. 80)
Eine Innenrundung nähen (siehe S. 81)
Die rund geschlossene Naht (siehe S. 82–84)
Messer einsetzen (siehe S. 59)
Eine Fadenkette vernähen (siehe S. 74)

Dieses Sweatshirt können Sie auf unterschiedliche Weise interpretieren: Es kann aus einfarbigem Steppstoff, aus gemustertem Stoff mit einfarbigen Bündchen oder umgekehrt, mit extravaganten Bündchen und aus einfarbigem Stoff, gearbeitet werden. Sie können auch die Struktur etwas ändern, indem Sie die Bündchen an den Ärmeln und am Saum verlängern und die Blende am Halsausschnitt vergrößern. Aus dickem Stoff hergestellt, ist das Sweatshirt ein kuscheliger Begleiter im Winter, aus dünnem Stoff hält es Sie an kühlen Sommerabenden warm.

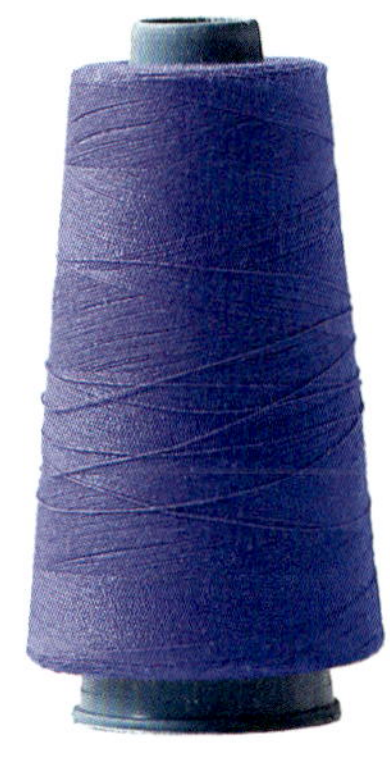

Zuschnitt

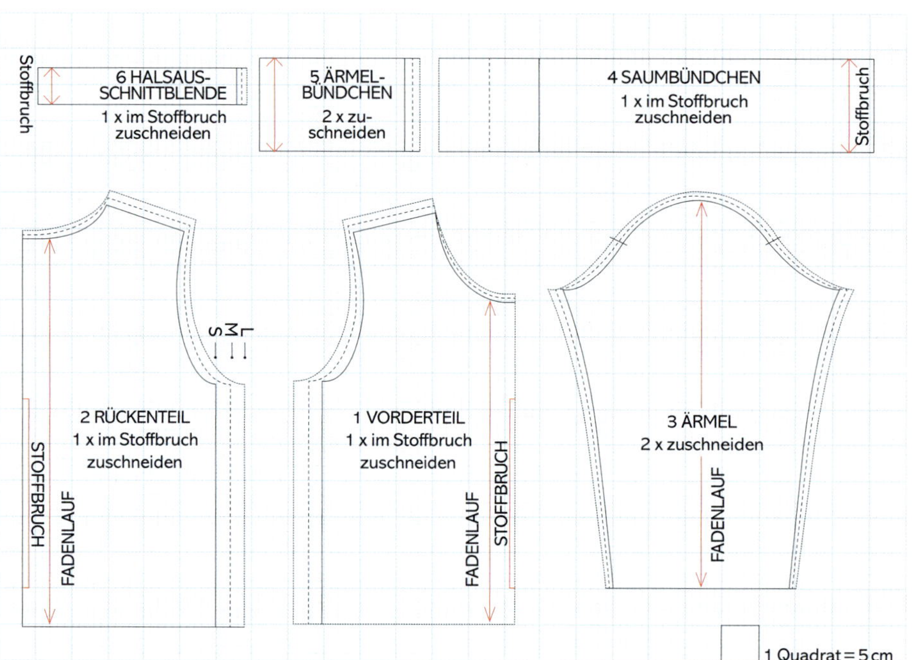

EINSTELLUNGEN

Stich: 4-Faden-Überwendlichstich
Spannung: A
Stichlänge: 2,5
Messerabstand: 6,5
Differential: 2
Stichfingerhebel: normal
Einfädeln der linken Nadel, der rechten Nadel, des oberen Greifers und des unteren Greifers

Übertragen Sie die Teile des Schnittmusters auf kariertes Papier (z. B. Seidenpapier mit Raster) mit gekennzeichneten 5-cm-Einheiten, vergessen Sie nicht die Nahtmarkierungen (Name des Teils, Angaben zum Zusammennähen, Fadenlauf, Falten ...) oder laden Sie das Schnittmuster von der Website herunter: www.bassermann-verlag.de/overlock-schnittmuster.

1. Legen Sie die Vorder- und Rückteil an den Schulterkanten rechts auf rechts aufeinander. Fixieren Sie die Kanten, am besten verwenden Sie dazu Klemmen, da Stecknadeln die Messer beschädigen könnten.

2. Nähen Sie die Schulternähte im 4-Faden-Überwendlichstich zusammen. Anschließend bügeln Sie die Nähte zum Rückenteil hin.

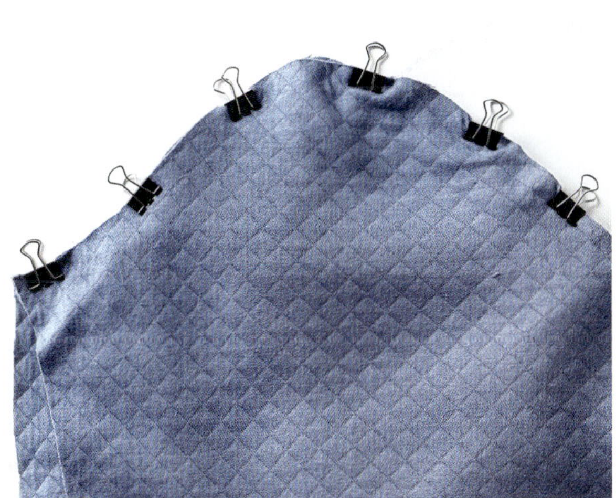

3. Bereiten Sie nun das Einsetzen der Ärmel vor und legen Sie jeden Ärmel rechts auf rechts auf die Sweatshirt-Teile. Fixieren Sie die Stoffteile mit Klemmen.

4. Die Ärmel und die Sweatshirt-Teile mit einer 4-Faden-Überwendlichnaht zusammennähen.

5. Die Seiten- und Ärmelnähte vorbereiten und dazu das Vorderteil und das Rückenteil sowie die Ärmelhälften rechts auf rechts legen und mit Klemmen fixieren.

6. Die Seiten- und Ärmelnähte mit einer einzigen 4-Faden-Überwendlichnaht zusammennähen, dabei an der Unterkante des Sweatshirts beginnen und an der Unterkante des Ärmels enden.

7. Die Ärmelbündchen rechts auf rechts legen und dann der Länge nach zusammennähen.

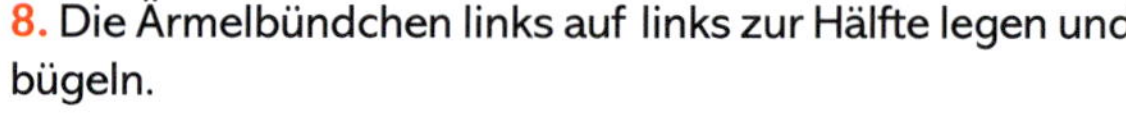

8. Die Ärmelbündchen links auf links zur Hälfte legen und bügeln.

9. Die Bündchen in das Ärmelinnere schieben und die beiden Teile kantengleich so ausrichten, dass die Ärmel- und Bündchenähte übereinanderliegen. Mit Klemmen fixieren, dabei die unterschiedlichen Längen der beiden Teile ausgleichen.

10. Ärmel und Bündchen mit einer rund geschlossenen Naht im 4-Faden-Überwendlichstich zusammennähen und anschließend die Fadenkette vernähen. Das Bündchen am zweiten Ärmel, die Blende am Halsausschnitt und das Bündchen am Saum in gleicher Weise annähen.

BASIL STREET
LONDON.

DIE TUNIKA

Ob Tunika oder Minikleid, dieser Klassiker, einfach, schick und äußerst elegant, wird immer gern getragen: als Kleid mit oder ohne Gürtel oder zu einem hübschen gemusterten Rock, auch aus Jersey, für ein sehr legeres Outfit.

GRÖSSEN
S = 36/38
M = 38/40
L = 40/42

VERWENDETE STICHE
Geradstich (mit der Nähmaschine)
3-Faden-Überwendlichstich (siehe S. 68–69)

VERWENDETE TECHNIKEN
Nähen mit dem Paspelfuß (siehe S. 88)
Eine Außenrundung nähen (siehe S. 80)
Eine Innenrundung nähen (siehe S. 81)
Messer einsetzen (siehe S. 59)
Eine Fadenkette vernähen (siehe S. 74)

Um die Tunika anzufertigen, brauchen Sie sowohl die Nähmaschine als auch die Overlock.

MATERIAL
- 120 x 150 cm Stoff, Viskose
- 5 Spulen farblich passendes Nähgarn, je 100 m
- 125 cm Paspelband
- Stecknadeln
- Klemmen
- Stoffschere
- Schneiderkreide

Beim Anfertigen dieser Tunika können Sie die Technik *Nähen mit dem Paspelfuß* üben – übrigens ein Zeichen dafür, dass Sie beginnen, auf der Overlock ein echter „Profi" zu werden. Diese Technik ermöglicht es, dekorative Ausschnitte zu arbeiten, die Ihrer Kleidung Schick verleihen. Die einfache, klassische Linie dieser Tunika eignet sich für diese Art Ausschnitt besonders gut.

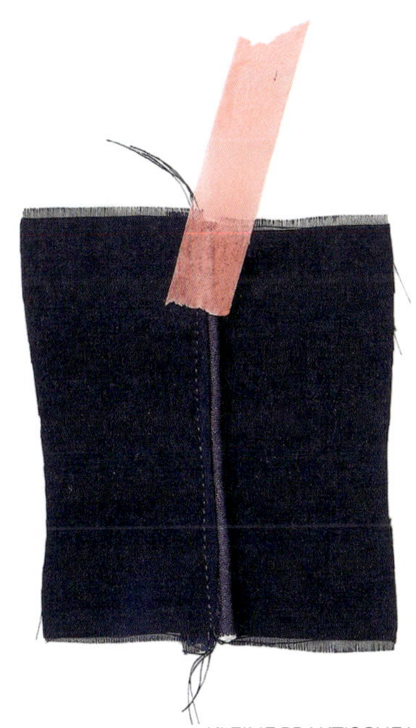

Zuschnitt

3 HALSAUSSCHNITTBLENDE VORDERTEIL
1 x im Stoffbruch zuschneiden
Stoffbruch
3

STOFFBRUCH
FADENLAUF

1 VORDERTEIL
1 x im Stoffbruch zuschneiden
STOFFBRUCH

5
Stoffbruch
5 AUSSCHNITT-BESATZ VORDERTEIL
1 x im Stoffbruch zuschneiden

L
M
S

Stoffbruch
6

2 RÜCKENTEIL
1 x im Stoffbruch zuschneiden

4

FADENLAUF
STOFFBRUCH

6 AUSSCHNITT-BESATZ RÜCKENTEIL
1 x im Stoffbruch zuschneiden

Stoffbruch
4 HALSAUSSCHNITTBLENDE RÜCKENTEIL
1 x im Stoffbruch zuschneiden

1 Quadrat = 5 cm

Übertragen Sie die Teile des Schnittmusters auf kariertes Papier (z. B. Seidenpapier mit Raster) mit gekennzeichneten 5-cm-Einheiten, vergessen Sie nicht die Nahtmarkierungen (Name des Teils, Angaben zum Zusammennähen, Fadenlauf, Falten …) oder laden Sie das Schnittmuster von der Website herunter: www.bassermann-verlag.de/overlock-schnittmuster.

EINSTELLUNGEN

Stich: 3-Faden-Überwendlichstich
Spannung: A
Stichlänge: 2,5
Messerabstand: 5,5
Differenzial: normal
Stichfingerhebel: normal
Einfädeln der linken Nadel, des oberen Greifers und des unteren Greifers

1. Mit der Overlock oder der Nähmaschine (Nahtzugabe von 1 cm) die Halsausschnittblende an das Vorderteil nähen, dabei das Paspelband dazwischenlegen. Die Nahtzugabe nach oben bügeln. Die Blende ebenso an das Rückenteil nähen.

2. Versäubern Sie nun die Schulternähte von Rücken- und Vorderteil, der Halsausschnittblenden und der Ausschnittbesatzteile im 3-Faden-Überwendlichstich.

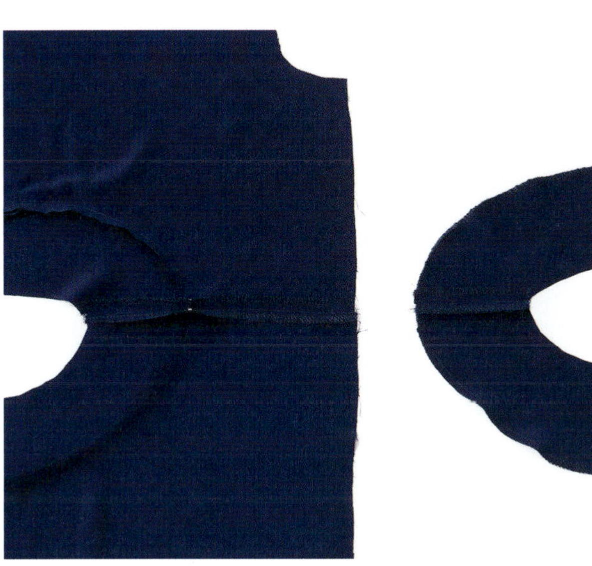

3. Nun Vorder- und Rückenteil rechts auf rechts aufeinanderlegen und die Schulternähte mit der Nähmaschine mit 1 cm Kantenabstand schließen. Die Naht mit dem Bügeleisen auseinanderbügeln. Bei den Besatzteilen die Schulternähte in gleicher Weise schließen.

4. Nun legen Sie die Tunika und die Besatzteile rechts auf rechts und nähen die Teile mit der Nähmaschine mit 1 cm Kantenabstand zusammen.

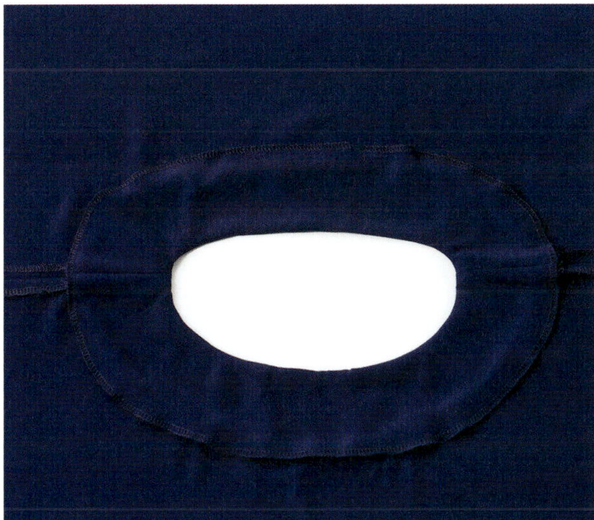

5. An den Rundungen einschneiden. Dann den Besatz nach innen legen und bügeln, sodass er innen gut am Halsausschnitt anliegt.

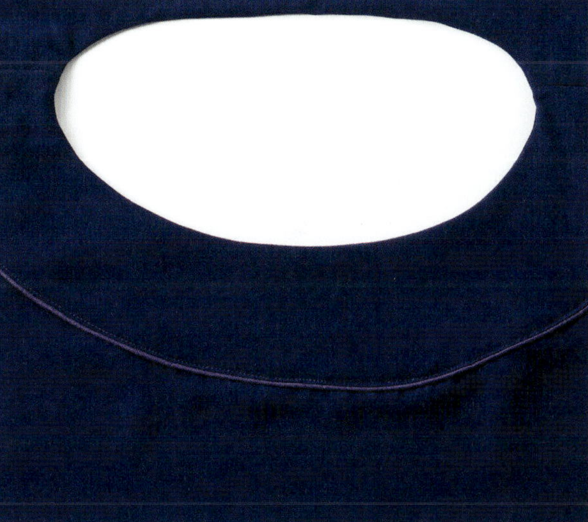

6. Nun das Paspelband mit der Nähmaschine von der rechten Seite aus so absteppen, dass zugleich der Besatz auf der Rückseite erfasst wird.

7. Legen Sie das Vorder- und Rückenteil rechts auf rechts aufeinander. Mit Stecknadeln feststecken. Dann nähen Sie mit der Nähmaschine die Seitennähte mit 1 cm Kantenabstand zusammen.

8. Anschließend die unversäuberten Stoffkanten mit der Overlock versäubern.

9. Für den Ärmelsaum den Stoff 1 cm und dann nochmals 1,5 cm nach innen schlagen und bügeln. Für den Saum an der Unterkante 1 cm und dann 3 cm einschlagen und bügeln.

10. Die Säume mit der Nähmaschine mit 2 mm Kantenabstand absteppen.

REGISTER

DANKSAGUNG

Ich bedanke mich besonders bei Pascale, Marie-Noëlle, Richard, Muriel und Dominique, dem großartigen Team von Marabout.
Meinen Dank an Victoria Quarrier, das ganze Team von „I am patterns", vor allem Blandine, Bénédicte, Christine, Bastien, und an alle, die mich während dieses schönen Abenteuers begleitet haben, auch an Christine, Delphine, Marie-Savine.
Ein großes Dankeschön an alle Schneider von Atelier Couture Paris Beaubourg. Nicht zu vergessen France Duval für seine wunderbaren Stoffe, DMC für die Fäden (in Frankreich hergestellt) und Bohin für die Nähausrüstung.

Danke an VSM France für das Ausleihen der Overlockmaschine Hobbylock 2.5 der Marke Pfaff und der Huskylock s21 der Marke Husqvarna Viking sowie deren Zubehör. Weitere Informationen zu den Maschinen und diesen beiden Marken finden Sie auf folgenden Websites:
www.pfaff.com
www.husqvarnaviking.com

ISBN 978-3-8094-3654-6

6. Auflage 2021

Die Originalausgabe erschien auf Französisch unter dem Titel Mon Cours de surjeteuse

Projektleitung dieser Ausgabe: Dr. Iris Hahner
Umschlaggestaltung: Atelier Versen, Bad Aibling
Übersetzung: Elfriede Kilian
Redaktion und Producing: Thema media, München
Herstellung: Elke Cramer

Penguin Random House Verlagsgruppe FSC® N001967

Druck und Bindung: Alföldi Nyomda Zrt., Debrecen

Printed in Hungary